Sólo Papas

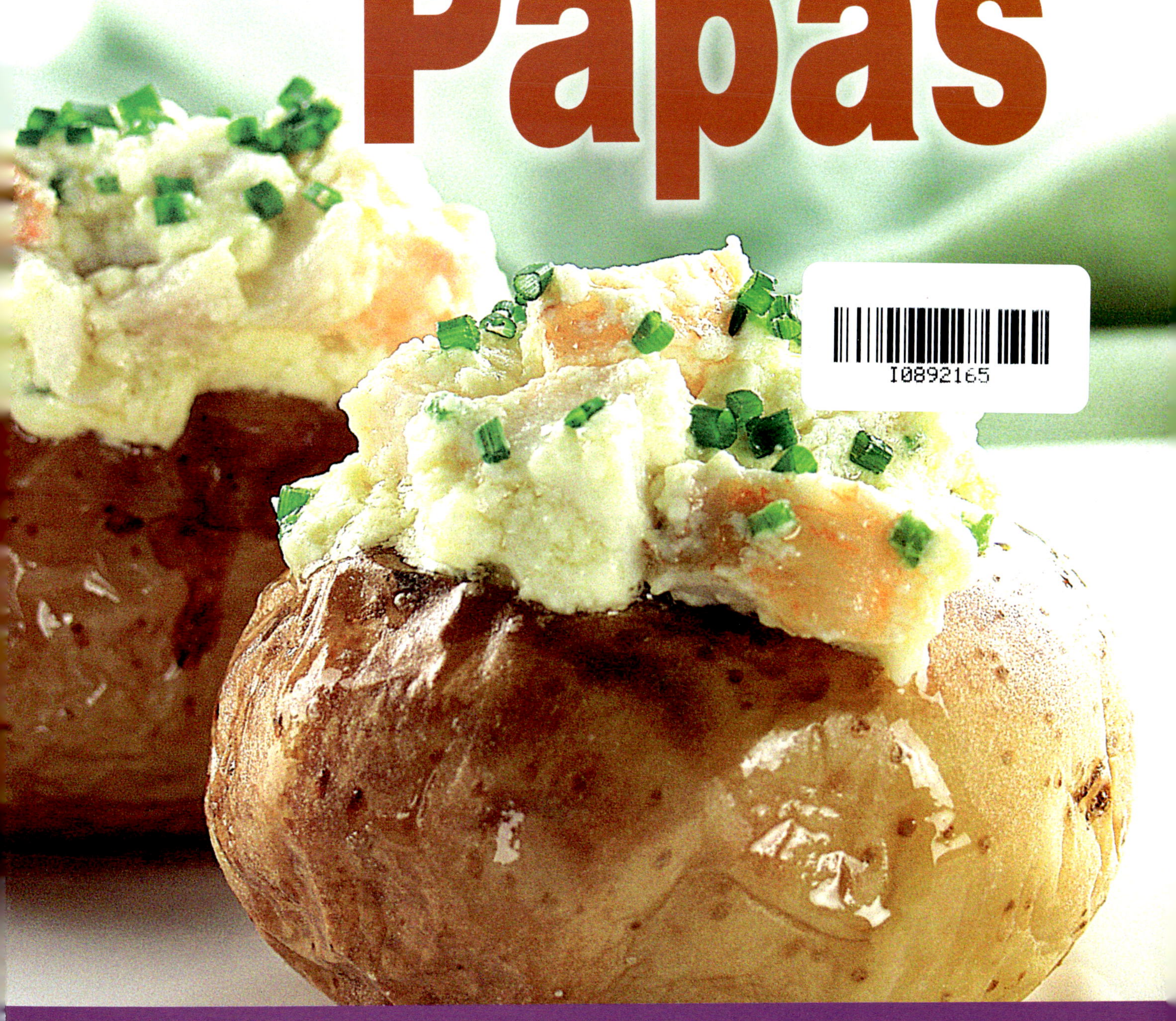

Grupo Editorial Tomo, S.A. de C.V.,
Nicolás San Juan 1043,
03100 México, D.F.

PO Box 254, Carlton North, Victoria 3054 Australia
Food photography: Steve Baxter, Phillip Wilkins, David Munns, Thomas Odulate, Christine Hanscomb and Frank Wieder
Home economists: Sara Buenfeld, Emma Patmore, Nancy McDougall, Louise Pickford, Jane Stevenson, Oded Schwartz, Alison Austin and Jane Lawire
Food stylists: Helen Payne, Sue Russell, Sam Scott, Antonia Gaunt and Oded Schwartz
Recipe development: Terry Farris, Jacqueline Bellefontaine, Becky Johnson, Valerie Barret, Emma Patmore, Geri Richards, Pam Mallender, Jan Fullwood and Tamara Milstein (page 59)

Nicolás San Juan 1043, Col. Del Valle, 03100, México, D.F.
Tels. 5575-6615, 5575-8701 y 5575-0186 Fax. 5575-6695
http://www.grupotomo.com.mx
ISBN: 970-775-257-2
Miembro de la Cámara Nacional
de la Industria Editorial No 2961

Traducción: Ivonne Saíd Marínez
Diseño de portada: Trilce Romero
Formación tipográfica: Armando Hernández
Supervisor de producción: Silvia Morales Torres

Impreso en México - *Printed in Mexico*

Contenido

Introducción

La papa es una de las verduras más populares en el mundo, se cultiva en casi todos los países. Las variedades pertenecientes a las diversas regiones tienen cualidades y propiedades diferentes. Por lo tanto, la papa se usa en la mayoría de los estilos culinarios y quizá es el producto básico más versátil. Es reconocida como uno de los vegetales cultivados más importantes para consumo humano, siendo los mayores consumidores Rusia, Polonia y Alemania, seguidos de Holanda, Chipre e Irlanda. En promedio se consumen 109 kg por cabeza anuales, esto resulta una buena noticia si se consideran las propiedades nutrimentales de este adorado tubérculo. En promedio, 225 g de papas contienen 180 calorías, fibra, proteína y almidón para la energía, además son una buena fuente de vitamina C.

La mayoría de las vitaminas se encuentran debajo de la piel, motivo por el cual casi siempre se sugiere que se cuezan con cáscara y después se pelen. Si se cocina sin grasa, la papa juega un papel muy importante en las dietas para bajar de peso, hecho que provocó controversia en el pasado.

A la papa no siempre se le ha tenido en gran estima. Su origen radica en América del Sur y se cree que data del año 3,000 a. C. Ingerida primero por los incas, el mundo conoció la papa hasta el siglo XVI, cuando el conquistador español Francisco Pizarro llegó al Perú, país famoso por sus riquezas minerales. El comercio de minerales atrajo mucha gente a Perú, quienes a su vez llevaron la papa al resto del mundo. Ha tenido muchos nombres, en los cuales se reflejan los diferentes métodos que los indios utilizaban para cocinar. En temporada, las papas se comían frescas, y los incas las deshidrataban para usarlas en el invierno. Hoy en día, el tiempo de almacenado de las papas y los diferentes métodos de conservación son conocidos en el mercado de los alimentos.

La papa llegó a Europa a través de España, y su nombre fue cambiando poco a poco de papa a batata. Se volvió famosa por sus propiedades nutrimentales y sanadoras; los italianos creían que una herida sanaba si el área afectada se frotaba con la carne cocida. Una persona en particular que creía esto era el papa Pío IV, a quien le enviaron papas cuando estaba enfermo y después cultivó sus propias papas en Italia. Estos tubérculos llegaron a Bélgica, Alemania, Suiza y Francia; sin embargo, las Islas Británicas los conocieron hasta que Frances Drake se detuvo en el Nuevo Mundo y compartió su cargamento, básicamente papas, con los hambrientos colonos ingleses.

Más tarde repatriados por Sir Walter Raleigh, los colonos llevaron las papas a Inglaterra, donde Raleigh cosechó el tubérculo en sus tierras. También fue el responsable de introducir la papa en Irlanda, y descubrió que la tierra irlandesa era perfecta para cosecharla. Los hambrientos irlandeses pronto adoptaron a la papa como propia y se convirtió en el pilar de su dieta.

En la actualidad, existen muchas variedades de papa, cada una perfecta para los diferentes métodos de preparación, como rostizar, hervir, cocer, hornear o freír. La papa es particularmente versátil, absorbe otros sabores y tiene una consistencia que permite usarla de muchas maneras.

Cómo escoger y cocinar papas

Busca papas firmes, de tamaño regular, rojas o amarillas, de piel suave y que no esté arrugada. No compres papas que estén verdosas o con retoños, porque son amargas y contienen niveles más elevados de las toxinas naturales conocidas como glicoalcaloides. Guarda las papas en un lugar fresco, oscuro y seco, porque se ponen verdes si se exponen a la luz. La gran variedad de recetas que se incluyen en este libro te llevarán a conocer un mundo de deliciosos platillos, que van desde suculentas sopas y ensaladas, hasta perfectas botanas ligeras y guarniciones para excelentes platos principales e increíbles pasteles, todos preparados con el alimento más confiable y delicioso, la papa. Encontrarás algo para todos, para los que están a dieta, para los vegetarianos y para quienes les encantan las papas.

Tipos de papas

Existen alrededor de 3,000 variedades conocidas de papa, pero sólo se cultivan cien. De éstas, 20 se encuentran fácilmente en las verdulerías y en los supermercados. A continuación, se presenta una breve descripción de las variedades más populares y sus usos, como guía para las recetas de este libro.

Pontiac (Nueva)

Este tipo de papa es de cáscara delgada y de crujiente carne blanca. Es una papa amarillenta excelente para cocer con la piel y servir entera, ya que se parte perfecto en cubos después de cocida y absorbe muy bien el aderezo, es muy buena para las ensaladas de papa. Las papas de cáscara roja se frotan con aceite de oliva y se hornean enteras, así conservarán su textura firme y cerosa. Existen muchas variedades de papas de piel roja, pero pocas veces las encuentras en el súper mercado divididas por su variedad.

Russet o Idaho

Esta papa para hornear por lo general mide entre 10 y 15cm de longitud, 5cm de diámetro, y es de cáscara áspera color marrón. La carne marfil se seca y esponja cuando se hornea. Es una buena papa para hacer puré o para freír, pues no absorbe el aceite.

Rosa blanca

Una papa cerosa, la rosa blanca es larga y blanca, de cáscara delgada color marfil. Es mejor para cocerla, pero puede hornearse o freírse. Igual que la russet, se recomienda para hacer papas a la francesa porque no absorbe el aceite. Otras papas que están volviéndose muy comerciales son:

Azul

En esta categoría se incluyen variedades como la Blue Carib y la All Blue, son de piel azul grisácea y carne azul, de sabor delicado y simplemente se cocen y se comen con un poco de mantequilla untada.

Finlandesa amarilla

Como su nombre lo sugiere, es una variedad de cáscara ligera, carne amarilla y textura cerosa. Se cuece con la piel y se adereza con mantequilla, o se usa en ensaladas de papa.

Fingerling alemana

Es una papa chica, de piel ligera, de forma desigual y carne amarilla. Se cuece completa y se come con un poco de mantequilla, o se baña con aceite de oliva y se hornea en una olla tapada hasta que al pincharla con un cuchillo éste se desliza con suavidad.

Rose fir

Pequeña y de carne cerosa, la rose fir es de cáscara delgada color rosa o roja, tiene textura cremosa y sabor delicado, y sabe mejor si simplemente se cuece y se unta con mantequilla.

Camote blanco

Más chico que el ñame, aunque intercambiables entre sí, es de carne amarilla y de textura más seca. Sabe mejor si se fríe, se cuece o se guisa, es ideal con especias.

Camote anaranjado

Es rojo con carne anaranjada y excelente para hacer purés, rellanar pasteles y suflés, o comerlo asado.

Selección

Lo más importante para elegir las variedades de papas es distinguir cuáles son las harinosas o almidonadas (que son mejores para hornear) y cuáles las cerosas (mejores para cocer). Las harinosas se parten al cocerse y las cerosas no se esponjan ni se secan al hornearse. Investiga cuáles puedes conseguir.

Cuando compres papas, elige las piezas firmes. Las papas nuevas deben ser de tamaño uniforme para que la cocción sea más fácil, mientras que las maduras deben ser secas y tener formas bien delineadas, sin brotes. No compres las papas que tengan manchas verdes ni ligeros brotes, eso indica que estuvieron expuestas a la luz o se almacenaron a temperaturas muy altas o muy bajas. Ambas son muy tóxicas y no deben ingerirse. Si durante el tiempo que tienes guardadas las papas comienzan a salirles brotes, córtaselos con un cuchillo filoso, con una incisión profunda alrededor del brote antes de cocerlas.

Almacenaje

Las papas se conservan mejor en un lugar, fresco, oscuro y seco. No las refrigeres. No presentarán ningún brote en dos o tres semanas.

Preparación

Si gustas, quítales la cáscara; si no, lávala muy bien. Las papas se oxidan rápidamente, así que de inmediato mete las papas peladas en agua para que el proceso sea más lento.

Sopas y entradas

Las papas son la base de muchas sopas deliciosas y fáciles de preparar, es el ingrediente por excelencia para espesar y da un sabor sutil.

Con unos cuantos ingredientes más, podrás preparar a muy bajo costo toda una selección de sopas. Añade hierbas, cebolla, ajo, carne, pescado o verduras; adorna con hierbas o crutones, o simplemente sirve acompañadas de pan crujiente desde ligeras entradas hasta un plato principal.

Sopa de camote con curry

Tiempo de preparación: 20 minutos **Tiempo de cocción:** 50-70 minutos **Calorías:** 146 **Grasa:** 2 g

- 2 cucharaditas de aceite de cártamo
- ½ zanahoria, en cubos
- ½ cebolla, en cubos
- 1 tallo de apio, en cubos
- 1 diente de ajo, machacado
- 2 cucharaditas de curry en polvo
- ½ cucharadita de semillas de comino
- ½ cucharadita de semillas de mostaza amarilla
- 2 cucharadas de cilantro fresco, picado
- 4 tazas de caldo de verduras con poca sal
- ½ taza de cerveza clara u oscura
- 1 cucharada de miel
- 455g de camote anaranjado, picado
- ½ cucharadita de canela, molida
- 1 plátano, picado, opcional
- rodajas de limón, para servir

Yogurt de limón

- ½ taza de yogurt natural bajo en grasa
- 2 cucharaditas de ralladura de limón
- 2 cucharaditas de jugo de limón

1. En una olla, calienta el aceite a fuego medio. Agrega la zanahoria, el apio y el ajo. Cocina, revolviendo, durante 3 minutos. Incorpora el curry en polvo y las semillas de comino y de mostaza. Cocina hasta que las semillas de mostaza comiencen a abrir.
2. Añade el cilantro, el caldo, la cerveza y la miel. Deja que suelte el hervor. Agrega el camote, la canela y el plátano, en su caso. Hierve a fuego lento, revolviendo de vez en cuando, hasta que el camote se suavice. Deja enfriar un poco.
3. En tandas, pasa la mezcla a la licuadora o al procesador de alimentos y hazla puré. Regresa a la olla limpia y recalienta.
4. Para preparar el yogurt de limón coloca en un tazón el yogurt, la ralladura y el jugo de limón. Revuelve bien.
5. Sirve la sopa en tazones calientes, adorna con una cucharada copeteada de yogurt de limón y rodajas de limón.

Porciones: 6

Nota: El plátano le da un sabor único. Pero la sopa es deliciosa con o sin él.

Sopa alemana de papa con coliflor y carvi

Tiempo de preparación: 20 minutos **Tiempo de cocción:** 1-1½ horas **Calorías:** 210 **Grasa:** 2 g

- 1 manojo de cebollas de cambray, rebanadas
- 2 cucharadas de aceite de oliva
- 1 cabeza de coliflor mediana, en ramilletes, reserva los ramilletes chicos
- 570g de papa blanca, pelada y en cubos
- 1 cucharadita de carvi
- carvi adicional para espolvorear
- 6 tazas de caldo de verduras
- 2 cucharadas de yogurt

1 Corta 5 cm de los extremos verdes de las cebollas de cambray, y con un cuchillo filoso pártelos en tiras delgadas, conservando intacta una de las puntas para que las tiras no se separen. Coloca las tiras en un recipiente con agua helada y reserva hasta que se enchinen, 1 hora aproximadamente.

2 En una olla grande, calienta el aceite de oliva y agrega el resto de las cebollas de cambray, cortadas en diagonal, y saltea durante 1-2 minutos. Añade los ramilletes de coliflor, las papas y el carvi, saltea durante 10 minutos hasta que se doren.

3 Incorpora el caldo y deja que la sopa suelte el hervor. Deja hervir a fuego lento durante 45 minutos y después licua en el procesador de alimentos, o en la licuadora, hasta que tengas una mezcla homogénea.

4 Agrega los ramilletes de coliflor que reservaste y hierve a fuego lento durante 10 minutos.

5 Sirve la sopa con un poco de yogurt y espolvoreada con el carvi y los chinos de cebolla.

Porciones: 6

Croquetas de papa y queso con ensalada de jitomate

Tiempo de preparación: 20 minutos + 15 minutos para enfriar + 1 hora para refrigerar
Tiempo de cocción: 3 minutos **Calorías:** 540 **Grasa:** 35 g

100g de papas
100g de pan molido
145g de queso Lancashire o Caerphilly, rallado
1 poro chico, finamente picado
¼ de cucharadita de salvia seca
1 cucharada de perejil fresco, picado
sal y pimienta negra
1 pizca de pimienta de cayena
1 huevo mediano
2 yemas de huevo
4 cucharadas de harina
aceite para freír

Ensalada

4 cucharadas de aceite de oliva
2 cucharaditas de vinagre balsámico
1 pizca de azúcar morena
145g de jitomates cherry
1 cebolla morada, finamente rebanada
1 pepino de 5 cm, en rebanadas
hojas de albahaca fresca

1 Cuece las papas en agua hirviendo con sal durante 15-20 minutos, hasta que estén tiernas. Escurre bien el agua, machaca y deja enfriar durante 15 minutos. Mezcla el puré frío con la mitad del pan molido, el queso, el poro, la salvia y el perejil. Sazona con sal, pimienta negra y de cayena. Incorpora las yemas. Con las manos, haz doce croquetas. Cubre y refrigera durante 1 hora.

2 Sazona el harina. Bate el huevo. Reboza las croquetas en el harina, después en el huevo y cubre usando el resto del pan molido. Calienta 5 mm de aceite en una sartén grande y fríe la mitad de las croquetas, volteando, durante 10 minutos o hasta que estén bien doradas. Escurre sobre toallas de papel absorbente y consérvalas calientes mientras fríes el resto.

Ensalada

1 Revuelve el aceite, el vinagre y el azúcar. Parte los jitomates en mitades y mezcla en el aderezo con la cebolla, el pepino y la albahaca. Sazona y sirve para acompañar a las croquetas.

Porciones: 4

Nota: Esta receta por lo general se prepara con queso Caerphilly, pero con un buen Lancashire las croquetas saben igual de deliciosas. El Lancashire es un queso duro hecho con leche de vaca y de elaboración artesanal e industrial.

Sopa de verduras india con curry

Tiempo de preparación: 25 minutos **Tiempo de cocción:** 1-1½ horas **Calorías:** 713 **Grasa:** 23 g

2 cucharadas de mantequilla o ghee (mantequilla sin sal purificada)
2 cucharaditas de azafrán de las Indias
4 dientes de ajo, molidos
1 cucharada de curry suave en polvo
1 cucharada de garam masala (mezcla de especias: pimienta negra, comino, cardamomo, canela, clavo de olor)
1 cucharada de jengibre, molido
1 cucharadita de hojuelas de chile
4 papas medianas
2 camotes (kumera)
2 nabos
1 chirivía
4 zanahorias medianas
1 calabaza dulce mediana
4 zucchinis medianas
400g de chícharos, en vaina
4 tazas de caldo de verduras
400ml de leche de coco
sal y pimienta
1 taza de hojas de cilantro, para adornar

1 Calienta la mantequilla o la ghee y añade el azafrán de las Indias, el ajo, el curry en polvo, el garam masala, el jengibre y el chile; saltea los ingredientes hasta que las especies suelten el aroma.

2 Mientras, pela y pica las raíces y la calabaza dulce. Pica las zucchinis y pela los chícharos.

3 Agrega las verduras picadas, excepto las zucchinis y los chícharos, a la mezcla junto con el caldo y deja que la sopa suelte el hervor. Hierve a fuego lento durante 45 minutos, hasta que las verduras estén muy suaves.

4 Añade la leche de coco, las zucchinis y los chícharos; continúa hirviendo a fuego lento durante 15 minutos. Sazona con sal y pimienta y sirve, adorna con cilantro, y acompaña con pan indio tostado y yogurt de pepino.

Porciones: 4

Sopa portuguesa de papa y frijol

Tiempo de preparación: 40 minutos **Tiempo de cocción:** 2- 2½ horas
Calorías: 465 **Grasa:** 8 g

4 dientes de ajo
2 cebollas medianas
2 zanahorias medianas
4 papas medianas
1 pimiento verde
425g de jitomates, picados
½ col verde, rebanada
1 lata de 425g de frijoles, escurridos y enjuagados
455g de tocino ahumado, en cubos
6½ tazas de caldo de pollo
sal y pimienta
2 cucharadas de perejil picado, para adornar

1 Pela y machaca el ajo, pela y corta en cubos las cebollas, las zanahorias y las papas. Pica el pimiento y los jitomates en cubos.

2 Coloca todos los ingredientes en una olla grande y deja que suelte el hervor. Baja la flama, hierve a fuego lento y cubre parcialmente con la tapadera.

3 Hierve a fuego lento durante 2 horas, revolviendo de vez en cuando. Inmediatamente después, añade sal y pimienta al gusto y sirve muy caliente, adornada con el perejil.

Porciones: 6-8

Nota: Te encantará el sabor de esta sopa. Es muy fácil y rápida de preparar, y resulta perfecta para la cena del domingo. Y como no contiene aceite, puedes convertirla en un gusto frecuente que no te provocará culpas.

Relleno de langosta

Tiempo de preparación: 15 minutos **Calorías:** 190 **Grasa:** 6 g

115g de queso crema
115ml de mayonesa
55ml de crema agria
2 cucharadas de caldo de pescado
2 cucharaditas de jugo de limón
½ diente de ajo, machacado
1 cucharadita de cebollín, seco
255g de langosta, en cubos
6-8 papas

1 Bate el queso crema, la mayonesa y la crema agria. Añade el caldo de pescado, el jugo de limón, el ajo y el cebollín. Revuelve bien, y sirve sobre las papas horneadas aún calientes.

Porciones: 6-8

Crema fría de poro y pera

Tiempo de preparación: 40 minutos + varias horas para refrigerar **Calorías:** 232 **Grasa:** 6 g

- 200g de peras secas
- 1 cucharada de mantequilla
- 1 poro, sólo la parte blanca, finamente picado
- 1 cebolla chica, finamente picada
- 1 papa mediana, pelada y picada
- 5 tazas de agua
- 2 cucharadas copeteadas de caldo de pollo en polvo
- 285ml de crema espesa
- 1 pieza de 2 cm de raíz de jengibre fresco, para preparar jugo de jengibre
- ¼ de cucharadita de nuez moscada
- ramitos de berros, para adornar

1 Reserva dos mitades de pera para adornar y el resto pártelo en cubos grandes. En una olla, funde la mantequilla y añade el poro y la cebolla, revuelve para cubrir con la mantequilla. Baja la flama a fuego muy lento, cubre con la tapadera y deja que sude hasta que estén suaves pero no teñidas, 10 minutos aproximadamente.

2 Agrega la papa, los cubos de pera, el agua y el caldo de pollo en polvo. Deja que suelte el hervor, baja la flama y deja hervir a fuego lento durante 30 minutos. Deja enfriar la sopa ligeramente y hazla puré en la licuadora o el procesador de alimentos. Coloca en un recipiente de vidrio o de acero inoxidable.

3 Incorpora la crema a la sopa y añade 1-2 cucharaditas de jugo de jengibre, consulta la nota, y la nuez moscada. Si la sopa está muy espesa, agrega un poco de leche o de caldo. Cubre con plástico adherente y mete al refrigerador durante varias horas para que se enfríe. Para obtener mejores resultados, coloca el recipiente de la sopa dentro de una bandeja con cubos de hielo y mete al refrigerador.

4 Pica finamente las peras que reservaste. Adorna con ellas y un ramito de berros.

Porciones: 6

Nota: Para preparar el jugo de jengibre, pela un pedazo de jengibre de 2 cm, corta en cubos de ½ cm y exprime el jugo en un recipiente con el triturador de ajo. Otra forma de hacerlo es rallar un trozo de jengibre pelado en un plato y extraer el jugo oprimiendo la fibra con el dorso de una cuchara.

Sopa de papa y tocino

Tiempo de preparación: 30 minutos **Tiempo de cocción:** 25-35 minutos **Calorías:** 499 **Grasa:** 17 g

225g de tocino, picado
30g de mantequilla
2 cebollas grandes, picadas
4 tallos de apio, picados
2 cucharaditas de tomillo seco
2 cucharadas de harina
6 tazas de caldo de pollo
2 papas grandes, peladas y en cubos
285ml de crema agria
3 cucharadas de perejil fresco, picado
2 cucharadas de cebollín fresco, finamente picado

1 Coloca el tocino en una olla grande y cocina durante 5 minutos a fuego medio hasta que esté dorado y crujiente. Retira de la olla y escurre en toallas de papel absorbentes.

2 Funde la mantequilla en la olla y cocina la cebolla, el apio y el tomillo a fuego lento durante 4-5 minutos, o hasta que se suavice la cebolla.

3 Regresa el tocino a la olla, añade el harina y cocina durante 1 minuto. Retira la olla del fuego e incorpora el caldo poco a poco. Deja que suelte el hervor y baja la flama. Agrega las papas y cocina durante 10 minutos, o hasta que estén tiernas.

4 Retira la olla del fuego y vacía la crema agria y el perejil. Regresa a la estufa y cocina sin que hierva, revolviendo constantemente, durante 1-2 minutos. Sirve la sopa en tazones y espolvorea con cebollín, se come de inmediato.

Porciones: 6

Croquetas de papa y perejil

Tiempo de preparación: 15 minutos + 1 hora para enfriar
Tiempo de cocción: 40 minutos **Calorías:** 434 **Grasa:** 27 g

85g de arroz de grano largo
2 papas grandes, en trozos
2 cebollas moradas, finamente picadas
1 diente de ajo, machacado
4 cucharadas de perejil fresco, picado
sal y pimienta negra
6 cucharadas de ajonjolí
aceite de girasol, para freír

1. Prepara el arroz siguiendo las indicaciones del empaque, hasta que esté tierno, y después escurre bien. Extiéndelo en un plato y déjalo 1 hora, o hasta que esté completamente frío, esponjándolo con un tenedor de vez en cuando.
2. Mientras, coloca las papas en una olla grande con agua hirviendo con sal, y deja hervir durante 15-20 minutos, hasta que estén tiernas. Escurre y machaca. Coloca las papas machacadas en un tazón grande y mezcla muy bien con el arroz frío, la cebolla, el ajo, el perejil y los sazonadores.
3. Con las manos, forma ocho croquetas con la mezcla y después rebózalas en el ajonjolí. Calienta 1 cm de aceite en una sartén grande y fríe las croquetas durante 2-3 minutos, hasta que estén crujientes y se doren parejo.

Porciones: 4

Nota: Crujientes y doradas por fuera y tan suaves por dentro que se derriten en la boca, es imposible comer sólo una. Saben especialmente ricas si se acompañan con una cucharada de salsa de jitomate ácida.

Cáscaras de papa

papas para hornear

Cubierta de tocino y champiñones

pulpa de papa
tocino y champiñones salteados
perejil

Cubierta de camarón y cebollín

pulpa de papa
crema agria
cebollines frescos, picados
camarones, picados
sal y pimienta

Cubierta de pollo y almendra

pulpa de papa
pollo cocido
piñones tostados
chalotes, picados
crema agria
pimienta negra

1. Precalienta el horno a 180° C. Lava y seca las papas. Pínchalas con un tenedor y mételas al horno. Hornea durante 30 minutos, o hasta que el centro esté firme pero el tenedor se deslice con facilidad.
2. Deja enfriar las papas, córtalas en cuartos a lo largo y quítales la carne dejando sólo 1 cm de ella pegada a la cáscara.
3. Barniza las cáscaras con mantequilla y espolvorea con sal y pimienta. Hornea durante 10 minutos y rellena con la cubierta de tu elección y hornea durante otros 5-10 minutos para que se calienten.

Porciones: 4 piezas por papa

Temperatura del horno 180° C, 350° F, Gas 4

Pasteles de papa con salmón ahumado

Tiempo de preparación: 15 minutos **Tiempo de cocción:** 40 minutos **Calorías:** 303 **Grasa:** 18 g

315g de papas, con cáscara
145ml de leche entera
sal y pimienta negra
1 huevo grande
30g de harina
4 cebollas de cambray, finamente picadas
1 cucharada de aceite
115ml de crème fraîche
2 cucharadas de eneldo
eneldo para adornar
145g de rebanadas de salmón ahumado
rodajas de limón, para adornar

1 Cuece las papas en agua hirviendo con sal durante 15-20 minutos, hasta que estén tiernas, y escurre. Deja enfriar durante unos minutos y pela. Machácalas con la leche, los sazonadores y después incorpora el huevo, el harina y la cebolla para hacer una masa.

2 Calienta una sartén de teflón y añade un poco del aceite. Haz cuatro pasteles de papa usando dos cucharadas de pasta para cada uno. Fríe durante 2-3 minutos de cada lado hasta que estén dorados. Escurre en toallas de papel absorbente y conserva calientes mientras haces dos rondas más de cuatro pasteles.

3 Mezcla la crème fraîche y el eneldo picado. Coloca una rebanada de salmón en cada pastel y sirve una cucharada de la crema con eneldo. Espolvorea con pimienta molida y adorna con ramitas de eneldo y rodajas de limón.

Porciones: 4

Nota: *Pasteles dorados de papa con salmón ahumado, crème fraîche, mucha pimienta negra y un poco de jugo de limón, ¿qué más podría pedirse?*

Pudines de papa y chirivía con salsa de manzana

Tiempo de preparación: 30 minutos + 20 minutos de refrigeración
Tiempo de cocción: 3 minutos **Calorías:** 211 **Grasa:** 7 g

Pudines

340g de papas, peladas y ralladas
145g de chirivías, peladas y ralladas
1 cebolla, finamente rallada
1 cucharada de salvia fresca, finamente picada o
1 cucharadita de salvia seca
1 huevo mediano, ligeramente batido
4 cucharadas de pan molido
sal y pimienta negra
2 cucharadas de aceite de oliva

Salsa de manzana

315g de manzanas para tarta, peladas, descorazonadas y picadas
½ limón, el jugo y la ralladura
2 cucharadas de azúcar o miel
1 cucharada de salvia fresca, finamente picada o
1 cucharadita de salvia seca
4-5 cucharadas de crema agria, opcional

Pudines

1. Coloca en un recipiente grande la papas, las chirivías, la cebolla, la salvia, el huevo, el pan molido y los sazonadores y revuelve muy bien. Cubre con plástico adherente y refrigera durante 20 minutos.

Salsa de manzana

1. Coloca en una olla chica las manzanas, la ralladura y el jugo de limón y el azúcar o miel, con dos cucharadas de agua. Deja que suelte el hervor, tapa, baja la flama y cuece durante 8-10 minutos, hasta que la mezcla forme un puré. Retira del fuego y revuelve durante 1 minuto, o hasta que esponje. Agrega la salvia y la crema agria, en su caso.
2. Precalienta el horno. Barniza seis moldes para pudín con la mitad del aceite. Divide la mezcla del pudín entre los moldes, barniza la parte superior con el resto del aceite y hornea durante 15 minutos. Saca del horno, barniza con otro poco de aceite y hornea otros 5 minutos, o hasta que se doren. Sirve con la salsa de manzana.

Porciones: 6

Temperatura del horno 220° C, 425° F, Gas 7

Tortas de papa y queso feta

Tiempo de preparación: 20 minutos + tiempo para refrigerar
Tiempo de cocción: 10 minutos **Calorías:** 162 **Grasa:** 5 g

1½ tazas de papas, machacadas
120g de queso feta, desmoronado
1 huevo, batido
3 cebollas de cambray, picadas
4 cucharadas de eneldo fresco, picado
1 cucharada de jugo de limón
½ limón, la ralladura
pimienta negra, recién molida
harina, para rebozar
aceite de oliva
eneldo y limón, para adornar

1. En un tazón mediano, coloca las papas, el queso, el huevo, la cebolla de cambray, el eneldo, la ralladura y el jugo de limón y la pimienta. Revuelve bien. Cubre con plástico adherente y refrigera 1-2 horas, hasta que esté firme.
2. Con las manos, forma tortitas de 3 cm con la mezcla y aplasta ligeramente. Reboza un poco en el harina.
3. Calienta un poco de aceite en una sartén y fríe unas cuantas al mismo tiempo, hasta que estén bien doradas por ambos lados. Escurre en toallas de papel absorbente y sirve de inmediato. Adorna con eneldo y rodajas de limón.

Porciones: 4

Sopa de camote y romero

Tiempo de preparación: 20 minutos **Tiempo de cocción:** 1-1¼ horas **Calorías:** 256 **Grasa:** 2 g

40ml de aceite de oliva
2 dientes de ajo, machacados
1 cebolla mediana, picada
3 cucharadas de romero, picado
2 cucharadas de pesto de jitomate
1 zanahoria mediana, en cubos
1 papa grande, en cubos
680g de camote, en cubos
4 tazas de caldo de pollo
sal y pimienta negra, recién molida

1 Calienta el aceite en una olla, añade el ajo, la cebolla y 1 cucharada de romero, cocina a fuego medio durante 3-5 minutos, o hasta que estén suaves.

2 Agrega el pesto de jitomate y cocina durante 1 minuto.

3 Añade la zanahoria, la papa y el camote, cocina durante 5 minutos más. Incorpora el caldo de pollo, sal y pimienta; deja que suelte el hervor, baja la flama y hierve a fuego lento, con la tapadera puesta, durante 30-40 minutos, o hasta que las verduras se suavicen.

4 En el procesador de alimentos, haz puré la sopa en dos tandas, devuélvela a la olla, agrega el resto del romero y calienta bien antes de servir. Añade más caldo si la sopa está muy espesa.

Porciones: 4-6

Falafel de camote y cannellini

Tiempo de preparación: 30 minutos **Tiempo de cocción:** 50 minutos **Calorías:** 363 **Grasa:** 7 g

Falafel de camote

- 400g de camote anaranjado, en trozos
- 2 cucharaditas de aceite de oliva
- 1 diente de ajo, machacado
- 2 cucharaditas de comino, molido
- 1 cucharadita de cilantro, molido
- 1 cucharada de puré de tomate, sin sal
- 400g de alubias cannellini o garbanzos, cocidos o enlatados, enjuagados y escurridos
- 2 cucharadas de cilantro fresco, picado
- 1 cucharada de tahini (pasta de ajonjolí)
- 1 cucharada de jugo de limón
- 1 taza de pan molido, hecho con pan duro
- 6 piezas grandes de pan árabe o pan pita
- 3 cucharadas de hummus
- 2 tazas de lechuga, picada
- 1 taza de tabule
- 1 cebolla morada, finamente rebanada
- jugo de limón

1. Para preparar el falafel, hierve o calienta en el horno de microondas el camote, hasta que esté tierno. Escurre, coloca en un tazón y machaca. Reserva.
2. Calienta el aceite en una sartén de teflón a fuego medio. Agrega el ajo, el comino y el cilantro molidos. Cocina, revolviendo, durante 1-2 minutos, o hasta que suelte el aroma. Incorpora el puré de tomate. Cocina durante 3-4 minutos, o hasta que esté muy rojo y suelte un fuerte aroma. Incorpora los frijoles o los garbanzos.
3. Coloca la mezcla en el procesador de alimentos, añade el cilantro fresco, la pasta de ajonjolí y el jugo de limón. Oprime el botón "pulsar" para formar una pasta gruesa. Añade la mezcla de frijol o garbanzo y el pan molido al camote machacado. Revuelve bien. Forma croquetas de 3 cm, reboza en el harina y coloca en un plato forrado con plástico adherente y cubre. Refrigera cuando menos 30 minutos, o hasta que esté listo para cocinarse. Hasta este punto, las croquetas pueden prepararse con un día de anticipación.
4. Precalienta la parrilla a fuego medio. Cocina el falafel durante 3-4 minutos de cada lado, o hasta que esté dorado y crujiente.
5. Mientras, calienta el pan en la parrilla. Aún caliente, unta el pan con hummus, cubre con lechuga, tabule y cebolla morada. Coloca tres piezas de falafel en 1 pan, enrolla y aplasta ligeramente. Rocía con jugo de limón al gusto y enrolla bien. Sirve de inmediato.

Porciones: 6

Ensaladas

Las papas son tan versátiles, que se usan como base para crear una gran variedad de deliciosas ensaladas. También son muy nutritivas porque los carbohidratos que contienen incrementan la energía. En este capítulo encontrarás comidas muy ricas y ligeras que resultan ideales si sólo tienes un poco de hambre.

Ensalada de papa

Tiempo de preparación: 35 minutos **Tiempo de cocción:** 40 minutos **Calorías:** 492 **Grasa:** 8 g

3 huevos
4 tiras de tocino, sin bordes, picadas
900g de papas, peladas y en cubos
1 cebolla, pelada y finamente picada
2 cebollas de cambray, picadas
2 cucharadas de eneldo fresco, picado
1 cucharada de menta fresca, picada

Aderezo de mostaza
1 taza de mayonesa
4 cucharadas de yogurt natural
1 cucharada de mostaza Dijon
pimienta negra, recién molida

1 Coloca las papas en una olla, cubre con agua fría y deja que suelte el hervor. Baja la flama y hierve a fuego lento durante 10-15 minutos, o hasta que las papas estén tiernas. Escurre y reserva para que se enfríen.

2 En otra olla, coloca los huevos, cubre con agua fría y deja que suelte el hervor a fuego medio, después hierve a fuego lento durante 10 minutos. Escurre y enfría bajo el chorro del agua. Deja enfriar completamente. Quítales la cáscara y corta en cuartos.

3 Coloca el tocino en una sartén de teflón y cocina a fuego medio, volteando de vez en cuando, durante 10 minutos, o hasta que esté crujiente. Escurre en toallas de papel absorbente.

4 Coloca las papas, los huevos, el tocino, la cebolla, las cebollas de cambray, el eneldo y la menta en una ensaladera y revuelve.

Aderezo de mostaza

1 En un tazón mezcla la mayonesa, el yogurt, la mostaza y pimienta al gusto. Sirve el aderezo encima de la ensalada y revuelve.

Porciones: 6

Ensalada de huevo y papa al curry

Tiempo de preparación: 10 minutos **Tiempo de cocción:** 10 minutos **Calorías:** 330 **Grasa:** 16 g

750 g de papas
4 huevos duros
1/4 de taza de cebollín, picado
2 tallos de apio
½ taza de mayonesa
3 cucharaditas de curry en polvo
1 cucharada de cilantro fresco, picado

1 Pela las papas y pártelas en cubos; después coloca en agua hirviendo con sal. Cocina hasta que estén suaves, escúrrelas bien y pónlas en un tazón.

2 Pela los huevos y pica en trozos grandes. Agrega a las papas junto con el cebollín. Lava y parte el apio; corta en rebanadas delgadas y agrega a las papas.

3 Revuelve la mayonesa con el curry en polvo; con cuidado, mezcla con las papas y fíjate que no se rompan. Sirve adornando con el cilantro picado.

Porciones: 4

Ensalada de camote y cacahuates

Tiempo de preparación: 40 minutos **Tiempo de cocción:** 1 hora **Calorías:** 588 **Grasa:** 4 g

1¾ kg de camote, pelado
6 cucharadas de aceite de oliva
1 cabeza de ajo, sin pelar
sal y pimienta
1 cebolla, molida
1-2 chiles rojos chicos, molidos
½ taza de hierbas frescas de tu elección, cilantro, perejil, eneldo, o una mezcla de todas
2 cucharadas de vinagre balsámico
2 tazas de cacahuates, tostados
sal y pimienta, recién molida

1 Parte el camote en trozos grandes. Revuelve con 2 cucharadas de aceite y coloca en un platón para hornear grande con el ajo. Sazona con sal y pimienta y hornea durante 1 hora, o hasta que el camote esté tierno y dorado de las orillas. Retira del horno y conserva caliente.

2 Mezcla la cebolla, el chile y las hierbas, revuelve con el camote. Mezcla las cuatro cucharadas restantes de aceite de oliva con el vinagre y revuelve con el camote. Agrega los cacahuates, revuelve una vez más y sirve. Sazona al gusto y adorna con otro poco de hierbas.

Porciones: 8, como guarnición

Temperatura del horno 220° C, 430° F, Gas 7

Ensalada de frituras de camote

Tiempo de preparación: 40 minutos **Tiempo de cocción:** 8-10 minutos **Calorías:** 222 **Grasa:** 1 g

900g de camote, finamente rebanado
3-4 cucharadas de aceite de oliva
170g de espinacas inglesas
170g de hojas de arúgula
3 jitomates, picados
2 cebollas moradas, rebanadas
4 cucharadas de aceitunas negras, sin hueso
55g de queso parmesano, en virutas

Aderezo de orégano dulce

2 cucharadas de orégano, fresco
1½ cucharadas de azúcar morena
⅓ de taza de vinagre balsámico
pimienta negra, recién molida

1. Precalienta la parrilla a temperatura alta. Barniza el camote con el aceite y cocínalo, en tandas, en la charola de la parrilla durante 4 minutos de cada lado, o hasta que esté dorado y crujiente. Escurre en toallas de papel absorbente.
2. En un tazón, coloca las espinacas, la arúgula, los jitomates, la cebolla, las aceitunas y las virutas de queso y revuelve. Cubre y refrigera hasta que la necesites.
3. Para preparar el aderezo, en una jarra con tapa de rosca coloca el orégano, el azúcar, el vinagre y pimienta al gusto, y agita muy bien para revolver.
4. Para servir, incorpora las frituras de camote a la ensalada, baña con el aderezo y revuelve.

Porciones: 8

Ensalada caliente de papas y hierbas

Tiempo de preparación: 20 minutos
Tiempo de cocción: 40 minutos **Calorías:** 352 **Grasa:** 3 g

1 1/3 kg de papas pontiac
2 cucharadas de aceite de oliva
4 cebollas blancas, peladas y rebanadas
1/4 de taza de eneldo fresco, picado
1/4 de taza de perifollo fresco, picado
1/4 de taza de perejil fresco, picado
ralladura de limón
sal y pimienta, recién molida

Aderezo

2/3 de taza de aceite de oliva
4 cucharadas de vinagre de vino blanco
1 limón, el jugo
3 dientes de ajo

1 Corta las papas, con cáscara y bien lavadas, en trozos grandes y cuece en agua hirviendo con sal durante 10 minutos, o hasta que estén tiernas pero no suaves. En otra olla, calienta el aceite y saltea la cebolla a fuego alto hasta que dore, aproximadamente 8 minutos. Baja la flama, tapa y cocina a fuego lento durante 20 minutos. Escurre las papas y regresa a la olla.

2 Para hacer el aderezo, en una jarrita bate el aceite, el vinagre, el jugo de limón y el ajo, hasta que espese. Vierte sobre las papas calientes y revuelve, añadiendo las hierbas frescas y la ralladura de limón con sal y mucha pimienta al gusto.

3 Agrega la cebolla caramelizada y revuelve muy bien.

Porciones: 6-8

Platos principales

En este capítulo encontrarás una gran selección de deliciosos platos principales más sustanciosos que las botanas y la comida ligera de capítulos anteriores, y generalmente requieren de más tiempo de preparación y de cocción. La papa es el ingrediente principal en la mayoría de las recetas de esta sección, pero también incluyen ideas para agregarles carne, pollo, pescado e ingredientes vegetarianos. Así que puedes estar segura de que hay un plato para todos.

Pastel de frijol con cubierta de puré de papa

Tiempo de preparación: 20 minutos **Tiempo de cocción:** 40 minutos **Calorías:** 358 **Grasa:** 3 g

- 1 cucharada de aceite vegetal
- 2 dientes de ajo, machacados
- 2 poros, sólo la parte blanca, rebanados
- 2 zanahorias grandes, rebanados
- 1 lata de 400g de jitomates, sin escurrir y machacados
- 1 lata de 400g de frijoles, escurridos
- pimienta negra, recién molida
- 680g de papas, cocidas y machacadas
- 55g de queso cheddar añejo y sabor fuerte, rallado

1 Calienta el aceite en una sartén grande, añade el ajo, los poros y las zanahorias; cocina, revolviendo, durante 5 minutos, o hasta que los poros estén tiernos. Agrega los jitomates, deja que suelte el hervor; baja la flama y hierve a fuego lento durante 10 minutos, o hasta que la mezcla se reduzca y espese. Incorpora los frijoles y cocina durante otros 3-4 minutos. Sazona con pimienta al gusto.

2 Pasa la mezcla de frijoles a un refractario engrasado, cubre con las papas machacadas y espolvorea con el queso. Hornea durante 20 minutos, o hasta que la cubierta esté dorada.

Porciones: 4

Temperatura del horno 200° C, 400° F, Gas 6

Cazuela de papa y queso al horno

Tiempo de preparación: 15 minutos **Tiempo de cocción:** 30 minutos **Calorías:** 181 **Grasa:** 10 g

- 500g de papas, peladas, ralladas y secas
- 1 manojo de cebollas de cambray, picadas
- 25g de mantequilla, fundida
- sal y pimienta negra
- 1 cucharadita de aceite de cacahuate
- 100g de queso Gruyère, rallado

1. Precalienta el horno. En un recipiente, coloca las papas y 2/3 de las cebollas de cambray; agrega la mantequilla y sazona; revuelve bien.
2. Calienta el aceite en una sartén que pueda meterse al horno. Coloca la mezcla de papa en la sartén y presiona con el dorso de la cuchara para que la capa sea homogénea. Fríe durante 5-6 minutos, hasta que los bordes comiencen a dorarse, pasa al horno y hornea durante 10 minutos, o hasta que la cubierta haya dorado.
3. Aumenta la temperatura del horno a 230° C/450° F/Gas 8. Revuelve el queso con el resto de la cebolla. Saca la sartén del horno y esparce la cebolla y el queso sobre la cazuela. Regresa al horno y hornea durante 6-8 minutos, hasta que el queso burbujee y se dore.

Porciones: 6

Temperatura del horno 200° C, 400° F, Gas 6

Pay clapshot

Tiempo de preparación: 20 minutos **Tiempo de cocción:** 1 hora 55 minutos **Calorías:** 397 **Grasa:** 21 g

1 cucharada de aceite de oliva o de girasol
1 cebolla grande, picada
1 zanahoria grande, picada
55g de tocino, picado
750g de carne de res, molida
1 1/5 tazas de caldo de res
2 cucharadas de salsa catsup
1 cucharada de salsa inglesa
1 cucharadita de tomillo fresco, picado
sal y pimienta negra
2 cucharadas de perejil fresco, picado
perejil adicional, para adornar

Cubierta

455g de papas, picadas
455g de colinabos, picados
55g de mantequilla
145ml de crema light
nuez moscada, recién molida

1 Calienta el aceite en una sartén y fríe la cebolla, la zanahoria y el tocino durante 10 minutos, o hasta que se doren. Agrega la carne molida y fríe durante 10-15 minutos, deshaciendo los trozos grandes con el dorso de una cuchara de madera, hasta que se dore la carne. Con una cuchara, retira el exceso de grasa; incorpora el caldo, la salsa catsup, la salsa inglesa, el tomillo y sazona. Hierve a fuego lento, parcialmente tapado, durante 45 minutos, revolviendo de vez en cuando, hasta que espese. Si la mezcla se seca mucho, agrega un poco de agua.

2 Mientras, cuece las papas y los colinabos en agua hirviendo con sal durante 15-20 minutos, hasta que estén tiernos. Escurre y haz puré con la mitad de la crema y de la mantequilla. Sazona con pimienta y nuez moscada.

3 Precalienta el horno. Cambia la carne molida a un refractario de 1½ litros de profundidad y espolvorea el perejil. Coloca encima la mezcla de papa y colinabo, espónjala con un tenedor y reparte el resto de la mantequilla. Hornea durante 35-45 minutos, hasta que se dore. Adorna con perejil.

Porciones: 6

Nota: Clapshot es el nombre escocés que recibe la mezcla de puré de papa y colinabo, por eso el nombre de esta receta.

Temperatura del horno 200° C, 400° F, Gas 6

Papas rellenas de chilli bean

Tiempo de preparación: 60-75 minutos **Tiempo de cocción:** 20 minutos **Calorías:** 215 **Grasa:** >1 g

4 papas, lavadas
1 cucharada de puré de tomate
1-2 cucharaditas de salsa picante, o al gusto
1 lata de 285g de frijoles, enjuagados y escurridos
pimienta negra, recién molida
páprika

1. Hornea las papas durante 45-60 minutos, o hasta que estén suaves. Retira del horno y deja que se enfríen un poco.
2. Quita la corteza a las papas y saca la carne, dejando una paca delgada. En un recipiente, coloca la carne de las papas, el puré de tomate y la salsa picante y hazlos puré. Incorpora los frijoles y sazona con pimienta.
3. Sirve la mezcla de la papa en las papas, espolvorea con páprika y hornea durante 10-15 minutos, o hasta que se calienten y se doren ligeramente.

Porciones: 4

Temperatura del horno 220° C, 440° F, Gas 7

Salmón dorado con camote y romero

Tiempo de preparación: 15 minutos **Tiempo de cocción:** 25 minutos **Calorías:** 616 **Grasa:** 30 g

680g de camote, en cubos de 1 cm
2 dientes de ajo, en trozos grandes
1 cucharada de romero fresco, picado
ramitos de romero, para adornar
4 cucharadas de aceite de oliva
1 cucharada de granos de pimienta negra
4 filetes de salmón de 170g cada uno
sal y pimienta negra
aceite de oliva, para servir
rodajas de limón y romero fresco, para adornar

1 Revuelve el camote con el ajo, el romero y 2 cucharadas de aceite. Pasa a un molde pequeño para asar y cocina durante 20 minutos, revolviendo a la mitad del tiempo, hasta que se suavice. Machaca los granos de pimienta en el molcajete. Barniza el salmón con el resto del aceite, cubre con los granos de pimienta machacados y sazona.

2 Calienta una olla alta o una sartén honda. Coloca el salmón con la piel hacia abajo y cocina durante 4 minutos; después voltea y cocina durante otro minuto, hasta que se cueza parejo. Cubre con papel aluminio y reserva.

3 Sirve el camote con los jugos de la cazuela en los platos y encima coloca el salmón. Baña con un poco de aceite de oliva y sirve adornado con rodajas de limón y romero.

Porciones: 4

Nota: El camote cocinado con ajo y romero servido con filetes de salmón es una delicia. El baño de aceite con un poco de limón es el toque final perfecto.

Temperatura del horno 230° C, 450° F, Gas 8

Ñoquis con carne de cerdo y pimientos

Tiempo de preparación: 20 minutos + 1 hora para marinar
Tiempo de cocción: 35 minutos **Calorías:** 638 **Grasa:** 26 g

340g de carne de cerdo, en cubos
4 dientes de ajo, finamente picados
1 cucharada de orégano seco
½ limón, el jugo
6 cucharadas de aceite de oliva extra virgen
sal y pimienta negra
2 cucharadas de cebolla, finamente picada
1 cucharada de apio, finamente picado
3 cucharadas de perejil fresco, finamente picado
255g de pimientos amarillos, sin semillas y en cubos de 2.5 cm
200ml de puré de tomate
3 cucharadas de caldo de res
800g de ñoquis
30g de aceitunas negras, sin hueso y en tiras

1. Coloca la carne de cerdo en un platón de vidrio o de cerámica y mezcla con la mitad del ajo, el orégano, el jugo de limón, 1 cucharada de aceite y sazona. Cubre y marina en el refrigerador durante 1 hora.
2. Calienta el resto del aceite en una sartén grande. Añade la cebolla y una pizca de sal; fríe durante 5 minutos, o hasta que se suavice. Incorpora el resto del ajo, el apio, el perejil y el pimiento; cocina a fuego lento durante 10 minutos, o hasta que se suavice el pimiento.
3. Añade el puré de tomate y hierve a fuego lento durante 10 minutos, revolviendo de vez en cuando. Agrega la carne de cerdo, la marinada y el caldo. Hierve a fuego lento durante 10 minutos, revolviendo de vez en cuando, o hasta que espese la salsa y se cueza la carne.
4. Mientras, cuece los ñoquis en una olla con mucha agua hirviendo con sal hasta que estén suaves pero firmes. Escurre y cambia a un recipiente caliente. Sirve la salsa y revuelve, después esparce las aceitunas.

Porciones: 4

Nota: *Los suaves ñoquis de papa, que son bolitas de masa pequeñas y ligeras, cobran vida con la carne de cerdo, el orégano y el pimiento.*

Estofado Lancashire

Tiempo de preparación: 20 minutos **Tiempo de cocción:** 2 horas 20 minutos **Calorías:** 617 **Grasa:** 35 g

45g de mantequilla o manteca
4 costillas grandes de cordero, o 8 chuletas de cordero
750g de papas, finamente rebanadas
2 cebollas grandes, rebanadas
3 zanahorias grandes, rebanadas
sal y pimienta negra
2 tazas de caldo de cordero

1 Precalienta el horno. En una sartén, calienta 30 g de mantequilla o manteca y cocina las costillas o las chuletas durante 5 minutos de cada lado para que se doren. Acomoda la mitad de las papas en un refractario y cubre con la mitad de la cebolla y la mitad de las zanahorias, sazonando ligeramente cada capa. Agrega las costillas o las chuletas y una capa final de cebolla, zanahoria y papas, sazonando cada capa. Vierte el caldo y añade el resto de la mantequilla o manteca.

2 Tapa el refractario y hornea durante 30 minutos. Reduce la temperatura del horno a 150° C/300° F/ Gas 2, y hornea una hora más. Aumenta la temperatura del horno a 200° C/400° F/ Gas 6, destapa el refractario y hornea durante 30-40 minutos, hasta que se doren las papas.

Porciones: 4

Nota: En este guisado tradicional, las capas de papa, cebolla y zanahoria suavizan las costillas. Es una comida completa y lo único que necesita es una copa de sidra o un vaso de cerveza para acompañarla.

Temperatura del horno 200° C, 400° F, Gas 6

Pay de pescado con esencia de limón

Tiempo de preparación: 20 minutos **Tiempo de cocción:** 1 hora **Calorías:** 464 **Grasa:** 13 g

1kg de papas, cortadas en trozos iguales
55g de mantequilla
1 cebolla, picada
2 tallos de apio, rebanados
2 cucharadas de harina
1 taza de caldo de pescado
1 limón grande, la ralladura y el jugo
sal y pimienta negra
455g de bacalao, en cubos
170g de mejillones cocidos y sin concha
2 cucharadas de perejil fresco, picado
4 cucharadas de leche

1 Cuece las papas en agua hirviendo con sal durante 15-20 minutos hasta que estén tiernas; después escurre.

2 Mientras, funde la mitad de la mantequilla en una olla grande, añade la cebolla, el apio y cocina durante 2-3 minutos, hasta que se suavicen. Agrega el harina y cocina, revolviendo, durante 1 minuto. Después incorpora el caldo de pescado poco a poco y cocina, revolviendo, hasta que espese. Añade la ralladura y el jugo de limón y sazona con pimienta.

3 Precalienta el horno. Retira la salsa de la estufa, incorpora el bacalao, los mejillones y el perejil. Cambia a un refractario. Haz puré las papas con el resto de la mantequilla y la leche. Sazona y con un tenedor sirve sobre el pescado. Hornea durante 30-40 minutos, hasta que burbujee la salsa y la cubierta se dore.

Porciones: 4

Nota: El puré de papas cremoso es una cubierta maravillosa para este pay. Si deseas, cambia los mejillones por camarones pelados.

Temperatura del horno 220° C, 425° F, Gas 7

Papas rellenas de langosta

Tiempo de preparación: 30 minutos **Tiempo de cocción:** 20 minutos **Calorías:** 311 **Grasa:** 8 g

6 papas, horneadas
1 cucharada de mantequilla
115ml de crema agria
¼ de cucharadita de pimienta
125g de langosta, en cubos
55g de champiñones, en cubos
115g de queso cheddar, rallado
55g de cebolla, rallada

1. Precalienta el horno*.
2. Parte las papas a la mitad, a lo largo, con cuidado saca la carne, y reserva las cáscaras.
3. En un recipiente, haz puré la carne de las papas y después agrega la mantequilla, la crema agria, la cebolla y la pimienta. Bate hasta que la mezcla sea homogénea. Incorpora la langosta y los champiñones, y rellena las doce cáscaras de papa con la mezcla. Espolvorea con el queso y coloca en una charola para horno.
4. Hornea durante 15-20 minutos, o hasta que las papas se calienten parejo.

Porciones: 6

Temperatura del horno 190° C, 375° F, Gas 5

* *Hornea las papas durante 45-60 minutos, o hasta que se suavicen. Sácalas del horno y deja ue se enfríen ligeramente.*

Pulpo a la parrilla con ensalada de papa

Tiempo de preparación: 25 minutos + tiempo para marinar
Tiempo de cocción: 5 minutos **Calorías:** 202 **Grasa:** 8 g

455g de pulpos baby, limpios
455g de papas de piel rosa (russet o Idaho), lavadas
arúgula o ensalada verde
2 pepinos, picados
2 cebolletas, finamente picadas

Marinada de limón y chile
2 cucharadas de aceite de oliva
1 limón, el jugo
1 chile rojo, en cubos
1 diente de ajo, machacado

Jitomate concasse (opcional)
4 jitomates bola, en cubos
½ taza de cilantro fresco, picado
½ cebolla morada, en cubos
⅓ de taza de vinagre balsámico o de cereza
1 cucharada de aceite de oliva
1 cucharada de jugo de limón
pimienta negra, recién molida

1 Para preparar la marinada, en un recipiente coloca el aceite, el jugo de limón, el chile y el ajo. Revuelve bien. Parte el pulpo a la mitad, a lo largo, si es muy chico no lo cortes. Incorpora a la marinada. Marina en el refrigerador toda la noche, el tiempo para marinar es de cuando menos 2 horas o toda la noche.

2 Hierve las papas o mételas al horno de microondas. Escurre y deja enfriar un poco. Corta en trozos comestibles.

3 Para preparar el concasse, en un recipiente coloca el jitomate, el cilantro, la cebolla, el vinagre, el aceite, el jugo de limón y sazona con pimienta al gusto. Revuelve bien.

4 Precalienta la parrilla a temperatura muy alta.

5 Forra el plato con la arúgula o las hojas verdes, encima sirve papas, pepino y cebolla. Escurre el pulpo y cocina en la parrilla o en una sartén, volteando con frecuencia, durante 3-5 minutos, o hasta que los tentáculos se enchinen. Ten cuidado de no cocer de más el pulpo o quedará duro.

6 Para servir, coloca el pulpo caliente sobre la ensalada preparada y sirve el jitomate concasse encima, en su caso. Acompaña con pan crujiente.

Porciones: 6

Omelet de papa

Tiempo de preparación: 35 minutos **Tiempo de cocción:** 5-10 minutos **Calorías:** 470 **Grasa:** 6 g

1kg de papas, peladas
1 cebolla chica, pelada, opcional
1 taza de aceite de oliva
sal
5 huevos, batidos

1 Lava y seca las papas, córtalas en rebanadas delgadas. Si vas a usar la cebolla, pártela en cubos finos.

2 Calienta el aceite en una sartén, agrega las papas y la cebolla, sazona y tapa. Fríe, moviendo la sartén para que no se peguen. Una vez que las papas están cocidas, ten cuidado de que no se doren, sepáralas, retíralas de la sartén con una espumadera y colócalas en el recipiente en el que están los huevos batidos. Revuelve las papas hasta que estén bien cubiertas de huevo. Sazona con sal al gusto.

3 Retira casi todo el aceite de la sartén, deja sólo una cucharada y caliéntala. Ten listo un plato un centímetro más grande que la sartén. Vacía la mezcla de papa y huevo en la sartén y cocina durante unos minutos, hasta que se dore de un lado.

4 A continuación, esto cuesta un poco de trabajo, desliza el omelet en el plato, con el lado cocido hacia abajo, y después regrésalo a la sartén, con el lado cocido hacia arriba. Cocina hasta que esté firme.

5 Tu omelet debe tener aproximadamente 4 cm de espesor. Si lo preparaste como tapa, córtalo en cuadros.

Porciones: 6-8 como tapa

Pay de papa, queso y cebolla

Tiempo de preparación: 30 minutos + 10 minutos para refrigerar
Tiempo de cocción: 1 hora 15 minutos **Calorías:** 910 **Grasa:** 62 g

- 1 paquete de 455g de pasta de hojaldre fresca
- 455g de papas cerosas, muy finamente rebanadas
- 1 cebolla chica, muy finamente rebanada
- 100g de queso leicester rojo (o queso duro), rallado
- sal y pimienta negra
- 145ml de doble crema

1. Precalienta el horno. En una superficie ligeramente enharinada, amasa 2/3 de la pasta y úsala para forrar un molde para flan de 23 cm. Coloca una capa de papas en la base del molde, después pon una capa de cebolla y una de queso, sazona bien cada capa. Vierte la crema.
2. Amasa el resto de la pasta para hacer la tapa. Humedece ligeramente los bordes del pay con agua. Coloca la tapa de pasta encima y aprieta los bordes para sellarlos.
3. Hornea durante 1-1¼ horas, hasta que las papas y la cebolla estén tiernas. Espera 10 minutos antes de servir para que el queso se enfríe un poco.

Porciones: 4

Nota: Las papas cerosas son las mejores para esta receta porque no pierden su forma. Sirve el pay caliente y acompaña con col ligeramente cocida, o en frío con una ensalada fresca.

Temperatura del horno 180° C, 350° F, Gas 4

Guisado de pescado sobre puré de romero

Tiempo de preparación: 40 minutos **Tiempo de cocción:** 20-30 minutos **Calorías:** 304 **Grasa:** 2 g

2 cucharadas de aceite de oliva
1 poro, picado
1 diente de ajo, machacado
1 cucharadita de orégano, molido
4 champiñones, rebanados
1 tallo de apio, picado
1 cucharada de puré de tomate, sin sal
2 zucchinis, rebanadas
1 lata de 400g de jitomates partidos, sin sal
½ taza de vino blanco seco
455g de filetes de pescado blanco, como abadejo, lubina, bacalao de ojo azul
1 cucharada de albahaca fresca, picada
1 cucharada de perejil fresco, picado

Puré de romero

1 rama de romero fresco
2 cucharaditas de aceite de oliva
2 papas grandes, picadas
¼ de taza de leche baja en grasa, tibia
pimienta blanca, molida
jugo de limón, opcional
ramitos de romero, para adornar

Puré de romero

1 Quítale las hojas a la rama y colócalas con el aceite en una olla chica a fuego lento. Calienta y retira la olla de la estufa. Reserva para que los sabores se impregnen. De ser posible, hazlo con varias horas de anticipación, porque entre más tiempo pasan las hojas en el aceite, más pronunciado es el sabor. Hierve o mete las papas al horno de microondas hasta que estén tiernas. Escurre bien. Añade la leche y el aceite de romero, y hazlas puré. Sazona con la pimienta y el jugo de limón al gusto. Conserva caliente o recalienta justo antes de servir.

Guisado

1 Calienta el aceite en una sartén grande de teflón a fuego medio. Añade el poro y el ajo. Cocina, revolviendo, durante 1-2 minutos o hasta que suavice. Agrega el orégano, los champiñones y el apio. Cocina, revolviendo, durante 2-3 minutos. Incorpora el puré de tomate. Cocina durante 3-4 minutos, o hasta que esté rojo oscuro y tenga un fuerte aroma.

2 Agrega las zucchinis, los jitomates y el vino. Deja que suelte el hervor. Baja la flama y hierve a fuego lento, revolviendo de vez en cuando, durante 5 minutos o hasta que la mezcla empiece a espesar.

3 Añade el pescado y cocina durante 6 minutos, o hasta que se cueza el pescado. Ten cuidado de no cocer el pescado de más porque se partirá. Agrega la albahaca y el perejil.

4 Para servir, coloca un montoncito de puré en cada plato y encima pon el guisado de pescado. Acompaña con ensalada verde o las verduras de tu elección al vapor. Adorna con los ramitos de romero.

Porciones: 4

Curry de tubérculos

Tiempo de preparación: 20 minutos **Tiempo de cocción:** 55 minutos **Calorías:** 219 **Grasa:** 4 g

1 cucharada de aceite de oliva
1 cebolla, picada
1 chile verde, sin semillas, picado
1 diente de ajo, finamente picado
1 pieza de 2 cm de jengibre fresco, finamente picado
2 cucharadas de harina
2 cucharaditas de cilantro
2 de comino y 2 de azafrán de las Indias, molidos
1 1/5 tazas de caldo de verduras
200ml de puré de tomate
750g de tubérculos mixtos, como papa, camote, apio nabo y colinabo, en cubos
2 zanahorias, rebanadas delgadas
pimienta negra
cilantro fresco, picado, para adornar

1 Calienta el aceite en una olla grande y añade la cebolla, el chile, el ajo y el jengibre; cocina durante 5 minutos o hasta que se suavicen, revolviendo de vez en cuando. Incorpora el harina, el cilantro, el comino y el azafrán de las Indias, y cocina, revolviendo, durante 1 minuto para que suelten los sabores.

2 Poco a poco, incorpora el caldo y después agrega el puré de tomate, los tubérculos en cubos y las zanahorias. Sazona con la pimienta y revuelve bien.

3 Deja que suelte el hervor, revolviendo, y tapa. Baja la flama y hierve a fuego lento durante 45 minutos, o hasta que las verduras estén tiernas, revolviendo de vez en cuando. Adorna con cilantro.

Porciones: 4

Nota: Este curry picante está basado en un platillo marroquí tradicional. Así que en lugar de servirlo con arroz hervido, acompáñalo con un poco de couscous caliente.

Lasaña de salmón con papas

Tiempo de preparación: 40 minutos **Tiempo de cocción:** 60-75 minutos **Calorías:** 284 **Grasa:** 7 g

Lasaña
1 cucharadita de aceite de oliva
1 cebolla, en cubos
2 tallos de apio, en cubos
1 cucharada de puré de tomate, sin sal
1 lata de 225g de salmón rojo o rosa, sin sal, enjuagado, escurrido y machacado, no le quites las espinas porque tienen mucho calcio
1 cucharada de estragón fresco o
1 cucharadita de estragón seco
1 1/5 tazas de leche baja en grasa
3 huevos, ligeramente batidos
2 claras de huevo, ligeramente batidas
½ limón, el jugo
pimienta negra, recién molida
4 papas grandes, finamente rebanadas
4 tazas de hojas de espinacas inglesas, escaldadas y sin exceso de humedad

Cubierta de pan molido y parmesano
½ taza de pan molido, hecho con pan duro
2 cucharadas de perejil fresco, picado
1 cucharada de queso parmesano, rallado

1 Para preparar la cubierta, en un tazón chico coloca el pan molido, el perejil y el queso parmesano. Revuelve muy bien y reserva.

Lasaña

1 Precalienta el horno. Rocía o barniza ligeramente un refractario largo con aceite insaturado.

2 Calienta el aceite en una sartén de teflón a fuego medio y añade la cebolla y el apio. Cocina, revolviendo, durante 3-4 minutos, o hasta que se suavicen. Incorpora el puré de tomate y cocina durante 3-4 minutos, o hasta que estén rojo oscuro y produzca un fuerte aroma. Vacía la mezcla en un recipiente grande. Deja enfriar.

3 A la mezcla de cebolla, agrega el salmón, el estragón, la leche, los huevos, las claras, el jugo de limón y pimienta al gusto; revuelve bien. Coloca la mitad de las papas en la base del refractario, sirve la mezcla de salmón y cubre con las espinacas. Pon el resto de las papas y espolvorea con la cubierta de pan molido. Hornea durante 1 hora, o hasta que las papas estén tiernas y la mezcla cuaje.

Porciones: 4

Temperatura del horno 180° C, 350° F, Gas 4

* *Cubierta de pan molido y parmesano*

Pay de picadillo con puré de papa

Tiempo de preparación: 20 minutos **Tiempo de cocción:** 40 minutos **Calorías:** 522 **Grasa:** 20 g

680g de papas, peladas y en trozos del mismo tamaño
sal y pimienta negra
2 cucharadas de aceite vegetal
1 cebolla mediana, pelada y picada
1 tallo de apio, en cubos
1 zanahoria mediana, pelada y en cubos
455g de carne molida de res
1 cucharada de puré de tomate
2 cucharadas de salsa inglesa
170ml de caldo de res hecho con ½ cubo de caldo
30g de mantequilla
55ml de leche entera

1. Cuece las papas en una olla con agua hirviendo y ½ cucharadita de sal durante 20 minutos, o hasta que estén tiernas.
2. Mientras, precalienta el horno. En una sartén grande calienta el aceite a fuego medio y fríe la cebolla, el apio y la zanahoria durante 2-3 minutos, hasta que se suavicen.
3. Añade la carne molida a la sartén y sepárala con el dorso de una cuchara de madera. Cocina durante 5 minutos, o hasta que se dore, sin dejar de revolver. Incorpora el puré de tomate y la salsa inglesa, revuelve bien. Cocina durante 2 minutos. Añade el caldo, revuelve, sazona con sal y pimienta y hierve a fuego lento durante 5 minutos.
4. Mientras, escurre las papas y regrésalas a la olla. Agrega la mantequilla y la leche y aplasta con un tenedor o un pasapurés, hasta que quede homogéneo.
5. En un refractario de 15 x 23 cm, sirve la mezcla de carne y cubre con el puré de papa, espárcelo de manera uniforme y espónjalo con un tenedor. Hornea durante 20 minutos, o hasta que la cubierta esté bien dorada.

Porciones: 4

Temperatura del horno 200° C, 400° F, Gas 6

Tortilla de elote con jitomates deshidratados

Tiempo de preparación: 15 minutos **Tiempo de cocción:** 20 minutos **Calorías:** 324 **Grasa:** 23 g

225g de papas, en rebanadas gruesas
3 cucharadas de aceite de oliva
3 cucharadas de elotes enlatados, escurridos
4 jitomates deshidratados en aceite, escurridos y picados
2 cucharadas de perejil, fresco
6 huevos medianos, batidos
sal y pimienta negra

1 Hierve las papas durante 10 minutos y deja enfriar un poco. Calienta el aceite en una sartén grande a prueba de fuego y añade las papas; fríe a fuego alto durante 2-3 minutos, hasta que estén doradas y crujientes. Baja la flama e incorpora los elotes y los jitomates; calienta durante 1-2 minutos.

2 Precalienta la parrilla a temperatura media. Agrega el perejil a los huevos y sazona, después vierte sobre los vegetales de la sartén. Cocina a fuego lento durante 3-4 minutos, hasta que la base del omelet cuaje y se dore ligeramente.

3 Coloca la sartén bajo la parrilla durante 1-2 minutos, hasta que la cubierta cuaje y se dore. Deja enfriar un poco, corta en cuatro rebanadas y sirve con ensalada.

Porciones: 4

Salmón con puré y ensalada de jitomate

Tiempo de preparación: 20 minutos **Tiempo de cocción:** 30 minutos **Calorías:** 702 **Grasa:** 42 g

Salmón

55g de pan molido fresco
6 cucharadas de albahaca fresca
hojas de albahaca para adornar
2 cucharadas de cebollín fresco, picado
5 cucharadas de aceite de oliva
½ limón, el jugo y la ralladura
4 filetes de salmón, de 170g cada uno
200g de jitomates cherry, en mitades
sal y pimienta negra

Puré

750g de papas, en trozos del mismo tamaño
sal y pimienta negra
200ml de leche semidescremada
45g de mantequilla
1 manojo de cebollas de cambray, picadas

Puré

1 Cuece las papas en agua hirviendo con sal durante 15 minutos, o hasta que estén tiernas. En una olla, coloca la leche, la mantequilla y 2 cucharadas de cebollas de cambray; calienta hasta antes de que suelte el hervor. Escurre y haz puré las papas, incorpora la mezcla de leche y sazona. Conserva caliente.

Salmón

1 Precalienta el horno. Revuelve el pan molido con la mitad de la albahaca y la mitad del cebollín. Agrega 3 cucharadas de aceite, la ralladura de limón y sazona. Coloca el salmón en la charola para horno y cubre los lados y la parte de arriba con el pan molido. Hornea durante 15 minutos, o hasta que la cubierta esté dorada y el salmón cocido.

2 Mientras el salmón se cuece, mezcla la cucharada de aceite que resta con 1 cucharada de jugo de limón en un recipiente; después añade los jitomates, las cebollas de cambray reservadas y el resto de la albahaca y el cebollín. Sazona al gusto. Sirve la ensalada de jitomate con el salmón y el puré, adornada con albahaca.

Porciones: 4

Nota: Este puré irlandés combina especialmente bien con el salmón empanizado a las hierbas.

Temperatura del horno 200° C, 400° F, Gas 6

Guisado de abadejo ahumado con poro y tocino

Tiempo de preparación: 20 minutos + tiempo para reposar
Tiempo de cocción: 35 minutos **Calorías:** 572 **Grasa:** 33 g

3 tazas de leche entera
2 hojas de laurel
3 poros, 1 partido a la mitad a lo largo y 2 en rebanadas gruesas
455g de abadejo ahumado
30g de mantequilla
115g de tocino ahumado sin bordes, en tiras anchas de 4 cm
455g de papas, en trozos de 3 cm
sal y pimienta negra
145ml de crema light
jugo de limón, opcional
2 cucharadas de perejil fresco, picado
2 cucharadas de cebollín fresco, picado, para adornar

1 En una olla, coloca la leche, las hojas de laurel, las mitades de poro y el abadejo. Deja que suelte el hervor y después hierve a fuego lento durante 2-3 minutos. Tapa la olla y reserva durante 10 minutos. Saca el abadejo, tira la piel y las espinas, desmenuza el pescado y reserva. Tira el poro, pero reserva la leche y las hojas de laurel.

2 Calienta la mantequilla en una sartén grande y fríe el tocino durante 2-3 minutos, hasta que la grasa se funda. Añade el poro picado y cocina durante 5 minutos, o hasta que suavice. Agrega las papas y cocina durante 3-4 minutos, hasta que estén ligeramente suaves.

4 Añade la leche que reservaste, las hojas de laurel y $^{3}/_{5}$ taza de agua. Sazona, deja que suelte el hervor, tapa y hierve a fuego lento durante 15 minutos. Tira las hojas de laurel. Con la licuadora de mano, licua la mitad de la mezcla con la mitad del abadejo, o machaca con el pasapurés, y devuelve a la olla. Incorpora el resto del pescado y la crema, y recalienta. Sazona y añade jugo de limón al gusto, en su caso. Agrega el perejil y espolvorea con el cebollín.

Porciones: 4

Nota: *Este guisado tiene un delicioso y fuerte sabor a ahumado. Acompañado con trozos de pan caliente, resulta una plato que deja satisfechos a todos.*

Tortas de atún, papa y cebolla de cambray

Tiempo de preparación: 15 minutos + 30 minutos para enfriar
Tiempo de cocción: 40 minutos **Calorías:** 681 **Grasa:** 36 g

- 4 rebanadas de pan, sin la corteza
- 680g de papas, en mitades o cuartos, según el tamaño
- 4 cucharadas de mayonesa
- 1 lata de 400g de atún en aceite, escurrido y desmenuzado
- 1 cucharada de perejil fresco, picado
- 2 cebollas de cambray, finamente picadas
- ½ limón chico, la ralladura
- 4 cucharadas de harina
- 1 huevo mediano, batido
- aceite vegetal, para freír
- rodajas de limón, para servir, opcional

1. Precalienta el horno. Coloca el pan en la charola y cocina en el fondo del horno durante 20-30 minutos, hasta que esté crujiente. Deja enfriar, parte en trozos y aplástalos con el rodillo.
2. Mientras, cuece las papas en una olla grande de agua hirviendo con sal durante 15 minutos, o hasta que estén tiernas. Escurre, pasa a un recipiente, agrega la mayonesa y haz puré. Deja enfriar durante 30 minutos.
3. Incorpora el atún, el perejil, las cebollas de cambray y la ralladura al puré de papa. Enharínate las manos y forma ocho tortas con la mezcla, espolvoréalas con harina, báñalas en el huevo y después en el pan molido.
4. Calienta 5 mm de aceite en una sartén grande y fríe las tortas durante 3-4 minutos de cada lado, hasta que estén doradas y crujientes; tendrás que freírlas por tandas. Escurre en toallas de papel absorbente y sirve acompañadas de rodajas de limón, en su caso.

Porciones: 4

Nota: Estas tortas de pescado están repletas de sabor y tan sólo con unas cuantas verduras o una ensalada se completa el platillo. El salmón enlatado funciona igual que el atún.

Temperatura del horno 160° C, 325° F, Gas 3

Croquetas de pollo y cama de papas

Tiempo de preparación: 20 minutos **Tiempo de cocción:** 20 minutos **Calorías:** 369 **Grasa:** 15 g

aceite de girasol para engrasar y freír
145g de pechugas de pollo sin piel, deshuesadas y molidas
2 cucharadas de pan molido fresco
1 cucharada de perejil fresco, picado
1 cucharadita de tomillo, seco
1 cucharadita de jugo sazonador (Maggi)
2 huevos medianos, batidos
pimienta negra
225g de papas, peladas y ralladas
1 cebolla chica, finamente picada

Salsa

1 cucharada de crème fraîche
½ cucharadita de mostaza suave
2 cucharaditas de cebollín fresco, picado

1 Para preparar la salsa, mezcla la crème fraîche, la mostaza y los cebollines; cubre y refrigera.

2 Precalienta la parrilla a temperatura alta. Forra con papel aluminio la rejilla de la parrilla y engrásala ligeramente. Revuelve el pollo con el pan molido, el perejil, el tomillo, el jugo sazonador y la mitad del huevo batido; sazona. Con las manos, forma ocho "huevos". Ponlos en la parrilla durante 5-10 minutos, volteándolos, hasta que se doren.

3 Mientras, prepara la cama de papa. Coloca la papa rallada en un trapo de cocina limpio y exprime para eliminar el exceso de agua. Ponla en un recipiente con la cebolla, incorpora el resto del huevo batido y sazona. Divide la mezcla a la mitad, haz dos tortas y oprime ligeramente para aplanar. Calienta un poco de aceite en una sartén grande. Fríe las tortas durante 5-6 minutos de cada lado, hasta que se doren.

4 Haz un hueco en el centro de cada cama de papa, escúrrelas en toallas de papel absorbente y colócalas en los platos. Sirve encima la salsa y después coloca cuatro "huevos" sobre cada cama.

Porciones: 4

Nota: Sorprende a los niños con estas camas de papa crujiente, cubiertas de salsa cremosa y cuatro deliciosos huevos de pájaro.

Risotto antillano de camote con crema agria y especias

Tiempo de preparación: 40 minutos **Tiempo de cocción:** 40 minutos **Calorías:** 547 **Grasa:** 4 g

900g de camote
455g de calabaza dulce
2 cucharadas de aceite de oliva
2 cebollas, finamente picadas
1 zanahoria, finamente picada
2 tallos de apio, finamente picados
2 dientes de ajo, machacados
1 cucharadita de curry verde en pasta
400g de arroz arborio
4/5 de taza de vino blanco
2 hojas de laurel
3 tazas de caldo de pollo
145ml de crema agria o espesa
¼ de cucharadita de canela
¼ de cucharadita de cilantro, machacado
¼ de cucharadita de comino, molido
½ manojo de cebollines, finamente picados

1 Pela y pica el camote y la calabaza dulce; reserva 200 g de cada uno y pícalos en juliana para después. Coloca el resto en una olla y cubre con agua. Deja que suelte el hervor y hierve a fuego lento durante 30 minutos, hasta que ambas verduras estén tiernas.

2 Escurre, machaca y reserva. En una olla grande, calienta el aceite y agrega la cebolla, la zanahoria, el apio, el ajo, el curry en pasta, la calabaza y el camote que reservaste, y saltea hasta que la cebolla se suavice, aproximadamente 10 minutos.

3 Añade el arroz y revuelve; asegúrate de que todos los granos sean de superficie brillante y después se opaquen. Agrega el vino y deja que el líquido se absorba mientras se evapora el alcohol. Pon las hojas de laurel, la mezcla de puré de camote y calabaza y la primera adición de caldo. Revuelve muy bien el risotto mientras el líquido se absorbe, y cuando la mezcla se seque, añade otro poco de caldo. Continúa con este procedimiento hasta hayas incorporado todo el caldo, y después retira la olla de la estufa.

4 En un recipiente chico, revuelve la crema con las especias. Para servir, saca las hojas de laurel y sirve una parte del risotto en platos individuales y adorna con una porción generosa de crema con especias y un baño de cebollines picados.

Porciones: 6-8

Guisado de cordero acompañado de hot cakes de papa

Tiempo de preparación: 25 minutos **Tiempo de cocción:** 10-15 minutos **Calorías:** 384 **Grasa:** 4 g

Hot cakes de papa

200g de papas, lavadas y ralladas
200g de camote blanco, pelado y rallado
200g de camote anaranjado, pelado y rallado
1 cebolla morada, finamente picada
2 cucharadas de harina
2 cucharadas de perejil o albahaca frescos, picados
1 cucharada de queso parmesano, rallado
2 huevos, ligeramente batidos
pimienta negra, recién molida

1 En un recipiente, coloca las papas, el camote, la cebolla, el perejil o la albahaca, el queso parmesano, los huevos y pimienta al gusto. Revuelve muy bien.

2 Rocía o barniza ligeramente una sartén de teflón con aceite de oliva y calienta a fuego alto. Coloca 2-3 cucharadas de la mezcla en la sartén. Presiona ligeramente para formar "hot cakes". Fríe durante 4-5 minutos de cada lado, o hasta que se doren. Retira y coloca en un refractario, forrado con tallas de papel absorbente. Conserva caliente en el horno a temperatura muy baja. Repite el procedimiento con el resto de la masa. Cocina 3-4 hot cakes al mismo tiempo, o los que quepan en la sartén.

3 Sirve con el guisado de cordero, salsa fresca de jitomate y ensalada verde.

Porciones: 4

Nota: Estos hot cakes son una adaptación de los originales. Puedes usar la misma mezcla para preparar un platillo similar a la cazuela de papa, haz un hot cake grande y termínalo en la parrilla. Si no tienes tiempo para estar frente a la sartén, coloca montoncitos de la mezcla en una charola para horno engrasada y hornea a 180° C/350° F/Gas 4 durante 15 minutos. Voltea y cocina durante otros 8 minutos.

Guisado de cordero

Tiempo de preparación: 15 minutos **Tiempo de cocción:** 20 minutos **Calorías:** 384 **Grasa:** 10 g

1 cucharada de aceite insaturado
1 cebolla chica, en cubos
1 tallo de apio, picado
2 cucharadas de puré de tomate sin sal
400g de lomo de cordero, en cubos comestibles
1 lata de 425g de jitomates picados, sin sal
2 cucharadas de perejil o albahaca frescos, picados
pimienta negra, recién molida

1 Calienta el aceite en un olla a fuego medio y añade la cebolla y el apio. Cocina, revolviendo, durante 2-3 minutos, o hasta que se suavicen.

2 Incorpora el puré de tomate y cocina durante 3-4 minutos, o hasta que esté rojo oscuro y produzca un fuerte aroma.

3 Agrega el cordero, los jitomates, el perejil o la albahaca y pimienta negra al gusto. Cocina, revolviendo de vez en cuando, durante 5-10 minutos, o hasta que se caliente la carne y la salsa se reduzca y espese.

4 Sirve sobre los hot cakes de papa.

Porciones: 4

Nota: Este es un platillo casero muy fácil de preparar. Si quieres darle más sabor, agrégale corazones de alcachofa picados, jitomates semideshidratados, pimientos u otra verdura, y quizá un poco de vino. También es delicioso si se acompaña con puré de papa.

Jack y los frijoles con cerdo

Tiempo de preparación: 15 minutos **Tiempo de cocción:** 35 minutos **Calorías:** 472 **Grasa:** 22 g

- 225g de papas, en cubos
- 1 zanahoria chica, en cubos
- 1 trozo de mantequilla
- pimienta negra
- 1 cucharadita de aceite vegetal
- 3 cebollas de cambray, picadas
- 1 diente de ajo chico, machacado
- 8 salchichas coctel o 4 salchichas de cerdo, en mitades a lo ancho
- 1 lata de 200g de ratatouille
- 1 lata de 115g de frijoles, enjuagados y escurridos
- 30g de queso cheddar, rallado
- tiras delgadas de zucchini
- 14 arvejas enteras

1 Cuece las papas y la zanahoria en una olla de agua hirviendo con sal durante 10-15 minutos, hasta que estén tiernas; escurre bien y hazlas puré con la mantequilla y sazónalas con pimienta.

2 Calienta el aceite en una olla y fríe las cebollas de cambray y el ajo durante 3 minutos, o hasta que se suavicen. Agrega las salchichas y cocina durante 10-15 minutos, hasta que se doren y cuezan parejas. Incorpora el ratatouille y los frijoles y calienta; después vuelve a sazonar.

3 Precalienta la parrilla a fuego medio. Vacía la mezcla de salchichas en un refractario, cubre con el puré y espolvorea con el queso. Cocina durante 3 minutos, o hasta que se dore el queso. Mientras, cuece la zucchini y las arvejas en agua hirviendo durante 2 minutos, para que se suavicen. Coloca la zucchini en la cubierta del pay como si fuera un tronco y usa las arvejas como hojas.

Porciones: 2

Nota: Este platillo nutritivo transportará a los niños a un mundo fantástico de gigantes. ¡Tal vez los frijoles son mágicos!

Cacerola marroquí de papa y limón

Tiempo de preparación: 20 minutos **Tiempo de cocción:** 45 minutos **Calorías:** 368 **Grasa:** 16 g

- 3 cucharadas de aceite de oliva
- 2 cebollas, rebanadas
- 3 dientes de ajo, picados
- 2 chiles rojos, finamente picados
- 1 cucharadita de comino, molido
- 1 cucharadita de cilantro, molido
- 900g de papas, en rebanadas de 5 mm
- 1 limón, la ralladura
- 1-2 limones, el jugo
- 4 tazas de caldo de verduras
- sal y pimienta negra
- 4 cucharadas de crema agria, para servir
- 3 cucharadas de perejil fresco, picado, para adornar

1. Precalienta el horno. Calienta el aceite en una olla refractaria y a prueba de fuego. Agrega la cebolla, el ajo, los chiles, el comino y el cilantro; fríe durante 1-2 minutos, para que suelten los sabores.
2. Incorpora las papas, la ralladura de limón y jugo al gusto; después agrega el caldo y sazona. Deja que suelte el hervor, tapa y hornea durante 40 minutos, o hasta que las verduras estén tiernas y el líquido se haya reducido ligeramente.
3. Sirve en platos con una cucharada copeteada de crema agria. Espolvorea con el perejil fresco para adornar.

Porciones: 4

Temperatura del horno 200° C, 400° F, Gas 6

Guarniciones

Cuando se piensa en la papa como ingrediente de un platillo, es inevitable asociarla a carne y verduras, y se sirve al horno o cocida. De hecho, la papa es tan versátil para combinarse con otros sabores y para cocinarse de muchas formas tan variadas, que es la base perfecta para toda una amplia gama de deliciosas guarniciones. Este capítulo es la muestra de que su versatilidad combina con muchas recetas tentadoras.

Papas y duraznos gratinados

Tiempo de preparación: 40 minutos **Tiempo de cocción:** 60-75 minutos **Calorías:** 251 **Grasa:** 5 g

4 papas medianas, lavadas y peladas
sal y pimienta
¼ de cucharadita de nuez moscada
1 taza de queso rallado
200g de duraznos secos
¾ de taza de crema o la mitad de crema y la mitad de leche
salvia fresca, para adornar

1 Engrasa con mantequilla un refractario. Parte las papas en rebanadas finas. Revuelve la pimienta, la nuez moscada y el queso. Coloca una capa de papas en la base del refractario y espolvorea 1 cucharada de la mezcla de queso. Coloca una segunda capa.

2 Pon una capa de duraznos sobre las papas y continúa con dos capas de papas y mezcla de queso y una capa de duraznos hasta que se acaben los ingredientes. Termina con una capa de papa y queso.

3 Vierte la crema y cubre con papel aluminio. Mete al horno precalentado y hornea durante 1-1¼ horas aproximadamente, hasta que las papas estén tiernas. Retira el papel aluminio en los últimos 15 minutos de cocción para que se dore la cubierta. Sirve como guarnición de carne, pollo o pescado. Adorna con la salvia fresca.

Porciones: 6-8

Temperatura del horno 180° C, 350° F, Gas 4

Pastel de camote y cebolla

Tiempo de preparación: 10 minutos **Tiempo de cocción:** 1 hora 5 minutos **Calorías:** 210 **Grasa:** 8 g

3 cucharadas de aceite de oliva
3 cebollas, en aros delgados
750g de camote, en rebanadas delgadas
sal y pimienta negra
3/5 de taza de caldo de pollo o de verduras

1 Precalienta el horno. Calienta la mitad del aceite en un wok o en una sartén grande y añade las cebollas. Fríe durante 8-10 minutos, hasta que estén bien doradas.

2 Coloca 1/3 del camote en un refractario y cubre con la mitad de las cebollas. Sazona y pon otra capa de camote, cubre con el resto de las cebollas, sazona y termina con una capa de camote.

3 Incorpora el caldo, tapa el refractario con papel aluminio y hornea durante 40-45 minutos, hasta que las papas estén tiernas. Retira el papel aluminio y baña con el resto del aceite. Aumenta la temperatura del horno a 230° C/450° F/ Gas 8, y hornea otros 8-10 minutos, hasta que se haya evaporado casi todo el líquido y la cubierta esté dorada.

Porciones: 6

Temperatura del horno 200° C, 400° F, Gas 6

Puré de camote

Tiempo de preparación: 10 minutos
Tiempo de cocción: 15 minutos **Calorías:** 200 **Grasa:** 3 g

750g de camote, en trozos grandes
4 cucharadas de leche entera
1 diente de ajo, machacado
45g de queso cheddar añejo y con poca grasa, rallado
1 cucharada de perejil fresco, picado
1 cucharada de cebollines frescos, picados
cebollines adicionales, para adornar
pimienta negra

1. Cuece el camote en una olla de agua hirviendo durante 10-15 minutos, hasta que esté tierno. Escurre muy bien y hazlo puré hasta que esté homogéneo.
2. Calienta la leche en una olla, y agrégala al camote con el ajo, el queso, el perejil, los cebollines y pimienta al gusto. Bate hasta que quede un puré homogéneo y muy bien revuelto; sirve caliente adornado con cebollines frescos.

Porciones: 4

Nota: *En un sentido estricto, es una guarnición, pero el queso y las hierbas le dan un sabor tan rico, que no querrás comerlo con otra cosa más que con pan caliente y una ensalada.*

Delfinés de papa y cebolla

Tiempo de preparación: 15 minutos **Tiempo de cocción:** 1 hora **Calorías:** 425 **Grasa:** 24 g

2 cucharaditas de mantequilla
mantequilla adicional, para engrasar
680g de papas para hornear
3 cebollas, finamente rebanadas
sal y pimienta negra
1 cucharadita de nuez moscada, recién molida
2 tazas de crema

1. Precalienta el horno. Engrasa un refractario profundo. En el procesador de alimentos, parte las papas en rebanadas delgadas con la cuchilla correspondiente, o con un cuchillo filoso.
2. Coloca en el refractario las papas y las cebollas en capas alternadas, sazonando ligeramente cada capa con sal, pimienta y nuez moscada. Termina con una capa de papa, vacía la crema y unta con mantequilla. Coloca en la parte baja del horno y cuece durante 1 hora, o hasta que esté bien dorado.

Porciones: 4

Nota: La crema penetra las capas de papa y cebolla en este delicioso plato francés al gratín. Deleita a tus amigos con él en una ocasión especial.

Temperatura del horno 180° C, 350° F, Gas 4

Papas al gratín

Tiempo de preparación: 25 minutos **Tiempo de cocción:** 45 minutos **Calorías:** 342 **Grasa:** 11 g

900g de papas, finamente rebanadas
2 cebollas grandes, finamente rebanadas
2 cucharadas de cebollines frescos, picados
pimienta negra, recién molida
1¼ tazas de yogurt natural bajo en grasa
1 taza de doble crema
55g de queso parmesano, rallado

1. Coloca las papas, las cebollas, el cebollín y pimienta al gusto en seis refractarios individuales ligeramente engrasados.
2. En un tazón, pon la crema y el yogurt; revuelve bien. Con cuidado, vierte la mezcla de yogurt sobre las papas y espolvorea con queso parmesano. Hornea durante 45 minutos, o hasta que las papas estén tiernas y la cubierta dorada.

Porciones: 6

Puré de papa y ajo

Tiempo de preparación: 15 minutos **Tiempo de cocción:** 25 minutos **Calorías:** 385 **Grasa:** 16 g

1kg de papas, en trozos
sal y pimienta negra
4 cucharadas de aceite de oliva
1 cabeza de ajo, dientes separados y pelados
1 cebolla morada, picada
3 cucharadas de crème fraîche
4 cucharadas de cebollines frescos, picados

1 Cuece las papas en una olla grande con agua hirviendo y un poco de sal; deja que suelte el hervor y hierve a fuego lento durante 15-20 minutos, hasta que estén tiernas.

2 Mientras, calienta el aceite en una sartén u olla a fuego de medio a lento. Añade el ajo, tapa y cocina durante 10-15 minutos, hasta que esté tierno y dorado de las orillas. Retira el ajo y reserva. Agrega la cebolla al aceite y cocina durante 10 minutos, o hasta que se suavice.

3 Escurre las papas, regresa a la olla y añade el ajo, la cebolla y aceite. Machaca muy bien, después incorpora la crème fraîche, los cebollines y sazona al gusto.

Porciones: 4

Papas fritas

Tiempo de preparación: 30 minutos **Tiempo de cocción:** 10 minutos **Calorías:** 279 **Grasa:** 4 g

1½ cucharadas de mantequilla
3 cucharadas de aceite de oliva
4 papas, peladas y en rebanadas de 7.5 mm
sal y pimienta
perejil picado

1 Calienta la mantequilla y el aceite juntos en una olla grande. Fríe las papas hasta que estén tiernas y doradas de ambos lados, escurre en toallas de papel absorbente. Coloca en un platón y espolvorea con sal, pimienta y perejil picado.

Porciones: 4

Papas cambray con limón y aceitunas

Tiempo de preparación: 10 minutos **Tiempo de cocción:** 30 minutos **Calorías:** 228 **Grasa:** 11 g

1 limón
750g de papas cambray, en mitades si están muy grandes
2 dientes de ajo, rebanados
2 cucharadas de aceite de oliva
sal y pimienta negra
1 cucharada de mantequilla
45g de aceitunas verdes, sin hueso y en cuartos

1 Precalienta el horno. Parte el limón en dos y exprime el jugo de una mitad, la otra pártela en piezas pequeñas.

2 Revuelve las papas, el jugo de limón, el limón picado, el ajo y el aceite. Sazona y acomoda en una sola capa en una asadera y unta con mantequilla. Hornea durante 25-30 minutos, sacudiendo el molde de vez en cuando, hasta que las papas estén tiernas y bien doradas. Incorpora las aceitunas justo antes de servir.

Porciones: 4

Nota: Estas deliciosas papas se asan con los sabores más apreciados del Mediterráneo: ajo, limón y aceitunas. Es una buena guarnición para casi todos los platillos.

Temperatura del horno 220° C, 425° F, Gas 7

Cáscaras de papa a la parrilla

Tiempo de preparación: 10 minutos **Tiempo de cocción:** 1 hora 10 minutos **Calorías:** 270 **Grasa:** 12 g

6 papas grandes, lavadas
aceite de oliva

1 Hornea las papas durante 1 hora, o hasta que estén tiernas. Retira del horno y reserva hasta que se enfríen lo suficiente para trabajarlas. Parte las papas a la mitad y saca la carne, dejando sólo 5 mm pegada a la cáscara. Guarda la carne de papa para usarla en otra receta, consulta la nota. Corta las cáscaras de papa en piezas largas y barnízalas con aceite.

2 Precalienta la parrilla a temperatura media.

3 Cocina las cáscaras de papa en una parrilla ligeramente engrasada durante 5-8 minutos de cada lado, hasta que estén doradas y crujientes. Las cáscaras de papa saben deliciosas si las sirves acompañadas con el dip de tu preferencia.

Porciones: 6

Nota: *Puedes usar la carne de las papas para preparar una ensalada y acompañar tu parrillada. También puede usarse como curry de papa, como cubierta para un pay, o para hacer croquetas.*

Glosario

Ablandar: por ejemplo, gelatina, se rocía con agua fría y se deja aguadar, después se disuelve y se licua.

Aceite de ajonjolí oscuro (también conocido como aceite de ajonjolí oriental): aceite poliinsaturado oscuro con un bajo punto de ebullición, usado para sazonar. No se reemplaza con aceite de ajonjolí claro.

Aceite de cártamo: aceite vegetal que contiene la mayor proporción de grasas poliinsaturadas.

Aceite de oliva: varios grados de aceite extraído de las aceitunas. El aceite extra virgen tiene un sabor fuerte y frutal y es el menos ácido. El aceite de oliva virgen es un poco más ácido y tiene un sabor más ligero. El aceite de oliva puro es una mezcla procesada de aceites de oliva, es el más ácido y tiene el sabor más ligero.

Acremar: suavizar y hacer cremoso frotando con el dorso de una cuchara o batiendo con la batidora. Por lo general, se aplica a la mantequilla y el azúcar.

Adornar: decorar la comida, por lo general con algo comestible.

Agua acidulada: agua con un ácido, como jugo de limón o vinagre, que evita la decoloración de los ingredientes, en especial de frutas o verduras. El agua acidulada se prepara con 1 cucharadita de ácido por cada 300ml de agua.

Al dente: término de la cocina italiana que se aplica a ingredientes que se cuecen hasta que se suavizan pero siguen firmes; por lo general se aplica a la pasta.

Al gratín: comida espolvoreada con pan molido, por lo general cubierta de salsa de queso y horneada hasta que se forma una capa crujiente.

Alholva: hierba pequeña y delgada de la familia de los chícharos. Las semillas se usan como especia. La alholva de tierra tiene una fuerte dulzura de maple, es picosa pero agria y huele a azúcar quemada.

Amasar: trabajar la masa presionando con el talón de la mano, al mismo tiempo que se estira y se dobla la masa.

Americano: método para servir mariscos, por lo general langosta y rape, en una salsa preparada con aceite de oliva, hierbas de olor, jitomates, vino blanco, caldo de pescado, brandy y estragón.

Antipasto: palabra italiana que significa "antes de la comida"; son carnes frías, verduras y quesos, generalmente marinados, que se sirven como entradas. Un antipasto típico puede incluir salami, jamón serrano, corazones de alcachofa marinados, filetes de anchoas, aceitunas, atún y queso provolone.

Asar a la parrilla: término que se usa para las parrilladas.

Bañar: verter en forma de hilillo sobre una superficie.

Bañar en su jugo: humedecer la comida mientras se cuece con los jugos o grasas que suelta.

Baño maría: una olla dentro de otra más grande llena de agua hirviendo para conservar los líquidos en punto de ebullición. Una vaporera doble hace la misma función.

Batir: revolver muy bien con fuerza.

Beurre manie: cantidades iguales de mantequilla y harina que se amasan juntas y se añaden, poco a poco, a los guisados o los estofados para espesarlos.

Blanc: líquido que se prepara añadiendo harina y jugo de limón al agua para que ciertas verduras no se decoloren al cocerse.

Bonne femme: platillos cocinados al estilo tradicional "casero" francés. El pollo y el cerdo bonne femme van acompañados de tocino, papas y cebolla baby; y el pescado bonne femme se prepara con champiñones y una salsa de vino blanco.

Burghul (o bulgur): tipo de trigo crujiente, cuyos granos se cuecen al vapor y se secan antes de molerlo.

Caldo: líquido que contiene sabores, extractos y nutrientes de huesos, carne, pescado o verduras.

Calzone: masa para pizza semicircular, relleno de carne o verduras, sellado y horneado.

Camarones pacotilla: son deliciosos si se comen solos. Son mucho más pequeños que los camarones comunes y los camarones gigantes. Son de sabor dulce, poca grasa y alto contenido de agua; son excelentes para cocteles.

Caramelizar: fundir azúcar hasta que se convierta en jarabe color café dorado.

Cernir: pasar una sustancia seca, en polvo, a través de un colador para retirar terrones y darle ligereza.

Champiñones: hongos pequeños, por lo general enlatados.

Chamuscar: flamear rápido las aves para retirar las plumas que llegan a quedar después de desplumarlas.

Chasseur: palabra francesa que significa "cazador", estilo de cocina francesa en el que la carne y el pollo se cocinan con champiñones, cebollas de cambray, vino blanco y jitomate.

Clarificar: fundir mantequilla y escurrir la grasa del sedimento.

Condimentado: platillo o salsa ligeramente sazonada con ingredientes picosos como mostaza, salsa inglesa o pimienta de cayena.

Consomé: una sopa transparente hecha generalmente de res.

Cortar/cuajar: hacer que la leche o la salsa se separe y se convierta en sólido y líquido. Por ejemplo, las mezclas de huevos que se cuecen de más.

Coulis: puré líquido, generalmente de frutas o verduras frescas o cocidas, que puede verterse ("couler" significa derramar). El coulis puede tener una textura áspera o muy suave.

Couscous: cereal procesado de la sémola en bolitas, tradicionalmente al vapor y servido con carne y verduras en el clásico guisado del norte de África del mismo nombre.

Crucíferas: ciertos miembros de las familias de la mostaza, la col y el nabo con flores en forma de cruz y fuertes aromas y sabores.

Crudités: verduras crudas, cortadas en rebanadas o palitos que se comen solas o acompañadas de una salsa, o verduras desmenuzadas en forma de ensalada con un aderezo sencillo.

Crutones: cubos pequeños de pan tostado o frito.

Cubos: partir en pedazos pequeños con seis lados iguales.

Cubrir: tapar los alimentos cocinados con salsa.

Dar un hervor: hervir o dejar hervir hasta que esté medio cocido; por ejemplo, cocer más que al escaldar.

Descuartizar: cortar aves o pequeños animales en trozos pequeños dividiéndolos a través de las articulaciones.

Desengrasar: retirar la grasa de la superficie de un líquido. De ser posible, el líquido debe enfriarse para que se solidifique la grasa. Si no, retira la mayor parte de la grasa con una cuchara de metal grande y después saca con una toalla de papel los restos.

Desglasear: disolver los jugos solidificados o el glaseado que están en el fondo de una olla añadiendo un líquido, moviendo vigorosamente mientras el líquido suelta el hervor. Los jugos pueden usarse para hacer gravy o incorporarse a la salsa.

Desmenuzar: romper en trozos pequeños con un tenedor.

Disolver: mezclar un ingrediente seco con uno líquido hasta que se absorbe.

Dorar: freír en una pequeña cantidad de aceite hasta dorar.

Emulsión: mezcla de dos líquidos que no son solubles uno en el otro; por ejemplo, agua y aceite.

Encurtir: del verbo francés "confire" que significa conservar. La comida que se encurte, se cocina a fuego muy lento hasta que está suave. En el caso de la carne, como la de pato o ganso, se cuece con su propia grasa y se cubre con ésta para que no entre en contacto con el aire. Las verduras, como las cebollas, son muy ricas encurtidas.

Engrasar: frotar o barnizar ligeramente con aceite o grasa.

Entrada: en Europa se refiere a los entremeses; en América del Norte es el plato principal.

Escabeche: cubrir alimentos, en especial el pescado, con vinagre de vino y especias, y cocer a fuego lento. Los alimentos se enfrían en el mismo líquido. El escabeche le da un sabor acidito a la comida.

Escaldar: meter en agua hirviendo y después, en algunos casos, en agua fría. Las frutas y los frutos secos (como nueces, pistaches, almendras) se escaldan para pelarlos con facilidad. El término también significa enjuagar con agua hirviendo. Sin embargo, para la leche no se dice escaldar, sino simplemente calentar sin que llegue al punto de ebullición.

Escalfar: dejar hervir a fuego lento y ligeramente en suficiente líquido caliente, procurando conservar la forma del alimento.

Espesar: añadir maicena, harina de maíz o harina blanca mezclada con una cantidad igual de agua fría a una pasta aguada y suave; se vierte en el líquido caliente, se cuece, sin dejar de mover, hasta que se haga más gruesa.

Espolvorear: cubrir con una capa ligera de harina o azúcar glas.

Espumar: retirar la capa de la superficie, que por lo general son impurezas y espuma, de un líquido con una cuchara de metal.

Esquirlar: cortar en piezas largas y delgadas, por lo general se refiere a nueces, especialmente almendras.

Estofar: cocinar piezas grandes o enteras de aves, pescado, carne o verduras en una pequeña cantidad de vino, caldo u otro líquido en una olla tapada. Por lo general, el ingrediente principal se dora primero en aceite y después se cuece en el horno a fuego lento, o en la estufa a fuego muy lento. Al estofar carnes duras y aves viejas producen una salsa dulce y sustanciosa.

Fibra dietética: material de plantas que el cuerpo humano no digiere o digiere parcialmente, pero que ayuda a la buena digestión de otros alimentos.

Filete: corte especial de res, cordero, cerdo o ternera; pechuga de aves; pescado que se corta a lo largo de la espina dorsal.

Filete relleno: pieza de carne, por lo general cerdo o ternera, que se rellena, se enrolla y se estofa o se escalfa. El relleno también puede ser una mezcla dulce o aromática que se hornea como rollo suizo en una charola, se rellena con un relleno de sabores contrastantes y se enrolla.

Filetear: cortar en rebanadas largas y delgadas; por lo general se refiere a frutos secos, especialmente a las almendras.

Flamear: prender los alimentos con alcohol caliente.

Forrar: cubrir la parte interior de un molde con papel para proteger o ayudar a sacar la mezcla.

Freír: cocinar rebanadas delgadas de carne y verduras a fuego alto en una pequeña cantidad de aceite, moviendo constantemente para que el cocimiento sea uniforme y en poco tiempo. Tradicionalmente, se usa un wok, pero puede usarse una sartén resistente.

Fricasé: platillo en el que el pescado, las aves o las verduras se sirven con una salsa blanca o puré. En Inglaterra y Estados Unidos, el nombre se refiere a un platillo tradicional de pollo con salsa cremosa.

Fricción: método para incorporar la grasa al harina usando sólo las yemas de los dedos. También incorpora aire a la mezcla.

Fundir: calentar hasta volver líquido.

Galanga: miembro de la familia del jengibre, comúnmente se conoce como jengibre de Laos o Siamese. Su sabor es como de pimienta con toques de jengibre.

Gástrica: azúcar caramelizada desglaseada con vinagre que se utiliza en salsas dulces de fruta en platillos como pato a la naranja.

Glaseado: capa delgada de huevo batido, jarabe o grenetina, con la que se barnizan las pastas (como empanadas, pays, etc.), las frutas o la comida ya cocida.

Gluten: proteína del harina que se produce cuando se amasa la masa, haciéndola elástica.

Grasa total: ingesta individual diaria de las tres grasas que se mencionan a continuación. Los nutriólogos sugieren que las grasas no deben conformar más del 35 por ciento de la energía de la dieta.

Grasas monoinsaturadas: uno de los tres tipos de grasas que se encuentran en los alimentos. Se cree que no elevan el nivel de colesterol en la sangre.

Grasas poliinsaturadas: uno de los tres tipos de grasas que se encuentran en los alimentos. Están presentes en grandes cantidades en aceites vegetales como el de cártamo, girasol, maíz y soya. Estas grasas reducen el nivel del colesterol en la sangre.

Grasas saturadas: uno de los tres tipos de grasas que se encuentran en los alimentos. Existe en grandes cantidades en los productos animales, los aceites de coco y de palma; elevan el nivel de colesterol en la sangre. Como los altos niveles de colesterol pueden provocar enfermedades cardiacas, se recomienda que el consumo de grasa saturada sea menor a 15 por ciento de las calorías de la dieta diaria.

Gratinar: platillo cocinado en el horno o a la parrilla para que se le forme una costra dorada. Primero se espolvorea pan molido o queso encima. Los platos llanos para gratinar permiten que la costra se extienda mucho más.

Hacer cortes: marcar la comida con cortes, muescas o líneas para evitar ondulaciones o para que la comida se vea más atractiva.

Hacer hinchar: remojar en líquido o humedecer hasta que esté redondo e hinchado.

Harina sazonada: harina con sal y pimienta.

Hervor: cocer alimentos en un líquido que burbujea constantemente, justo antes de alcanzar el punto de ebullición para que los alimentos se cuezan a fuego uniforme y sin romperse.

Hojas de parra: hojas tiernas de la vid, de sabor ligero, usadas en la cocina étnica para envolver mezclas aromáticas. Las hojas de parra deben enjuagarse muy bien porque se envasan en salmuera.

Incorporar: combinar con cuidado una mezcla ligera o delicada con una más densa, con una cuchara de metal.

Infusión: sumergir hierbas, especias u otros saborizantes en líquido caliente para darle sabor. Las infusiones se preparan en 2-5 minutos, dependiendo del saborizante. El líquido debe estar muy caliente, pero no hirviendo.

Inglés: estilo para cocinar platillos sencillos como verduras hervidas. El assiette inglés es un platillo de carnes frías.

Jardinera: guarnición de verduras del jardín, comúnmente zanahorias, cebollas en escabeche, chícharos y nabos.

Juliana: cortar los alimentos en tiras muy delgadas.

Licuar: revolver muy bien.

Macerar: sumergir alimentos en un líquido para suavizarlos.

Marinada: líquido sazonado; por lo general, es una mezcla de ácido y aceite en la que se sumergen carnes u otros alimentos para suavizarlos y darles más sabor.

Marinar: dejar reposar la comida en una marinada para sazonarla y suavizarla.

Marinera: estilo italiano para cocinar que no requiere ninguna combinación particular de ingredientes. La salsa de jitomate a la marinera para la pasta es la más conocida.

Mariposa: partir un alimento por la mitad horizontalmente, de tal manera que cuando se abra parezca alas de mariposa. La chuletas, los camarones grandes y los filetes de pescado gruesos por lo general se cortan así para que se cuezan más rápido.

Media salsa: líquido en el que se cuecen pescado, aves o carne. Por lo general consiste en agua con hoja de laurel, cebolla, zanahorias, sal y pimienta negra recién molida al gusto. Otros aditivos pueden incluir vino, vinagre, caldo, ajo o cebollas de cambray.

Mezclar: combinar ingredientes revolviéndolos.

Moler: convertir en trozos muy pequeños.

Montar: batir rápido, incorporar aire y producir expansión.

Nizardo: guarnición de jitomates, ajo y aceitunas negras; típica ensalada con anchoas, atún y chícharos.

Noisette: "nuez" pequeña del corte de cordero que se obtiene de la parte del lomo o pedazo que se enrolla, se amarra y se corta en rebanadas. También significa dar sabor con avellanas, o cocinar la mantequilla hasta que obtenga un color café dorado.

Normando: estilo de cocinar el pescado, con guarnición de camarones, mejillones y champiñones en salsa cremosa de vino blanco; en el caso de las aves y la carne, la salsa es de crema, calvados y manzana.

Olla grande de hierro o de barro: cazuela resistente con tapadera que por lo general está hecha de hierro fundido o barro.

Olla no reactiva: olla cuya superficie no reacciona químicamente con los alimentos. Los materiales usados son: acero inoxidable, esmalte, vidrio y algunas aleaciones.

Papillote: cocinar en papel encerado o papel aluminio engrasado con aceite o mantequilla. También es un papel decorativo que cubre los extremos de los huesos de las chuletas y de los muslos de las aves.

Partir/picar: cortar en trozos grandes, por lo general los jitomates.

Paté: pasta de carne o de mariscos que se usa para untar en galletas o totopos.

Pelar: retirar la capa exterior.

Potecito individual para horno: plato para horno pequeño redondo u ovalado.

Pulmones: pulmones de animal, que se usan en varios platillos con carne como patés y albóndigas.

Pulpeta: rebana delgada de carne, ave o pescado, rellena y enrollada. En Estados Unidos se conoce también como "rizo" y en Inglaterra "ratón".

Puré: pasta suave, por lo general de frutas o verduras, que se obtiene al pasar el alimento por un cernidor o coladera, o al molerlo en la licuadora o el procesador de alimentos.

Quemar: dorar la superficie muy rápido a fuego alto.

Rábano daikón (también conocido como molí): rábano japonés largo y blanco.

Ragout: tradicionalmente un guisado muy condimentado que contiene carne, verduras y vino. Hoy en día, el término se aplica a cualquier guisado.

Ralladura: capa exterior delgada de los cítricos que contiene el aromático aceite cítrico. Por lo general, se obtiene con un pelador de verduras, o con el rallador se separa de la piel blanca y amarga que está debajo de ella.

Ramito de hierbas de olor: ramito de hierbas, generalmente formado por ramitas de perejil, tomillo, mejorana, romero, laurel, granos de pimienta y clavos de olor, amarrado en una tela y se usa para darle sabor a los guisados y estofados.

Rebozar: cubrir con una capa delgada de harina, azúcar, frutos secos, pan molido, semillas de ajonjolí o de amapola, azúcar con canela, o algunas especias molidas. Cubrir con un ingrediente seco, como harina o azúcar.

Reconstituir: devolver la humedad a los alimentos deshidratados remojándolos en líquido

Reducir: cocinar a fuego muy alto, sin tapar, hasta que el líquido se reduzca por evaporación.

Refrescar: enfriar rápido comida caliente, ya sea bajo el chorro del agua o sumergiéndola en agua helada, para que deje de cocinarse, sobre todo las verduras y de vez en cuando los mariscos.

Remojar: sumergir en agua o líquido frío para suavizar la comida y eliminar sabores fuertes o impurezas.

Revolver: mezclar ligeramente los ingredientes con dos tenedores o con un tenedor y una cuchara.

Rizos: ver pulpeta.

Rosca: mezcla dulce en forma de círculo.

Salsa: jugo derivado del ingrediente principal que se cocina, o la salsa que se añade al platillo para realzar su sabor. En Italia, el término generalmente se refiere a la salsa de la pasta; en México, el nombre se aplica a salsas crudas que se sirven como acompañamiento, sobre todo de totopos.

Salsa de nata: guisado blanco de cordeo, res o pollo rebozado en yemas de huevo y crema, acompañado de cebolla y champiñones.

Salsa rubia: base para salsas que se hace con harina y mantequilla u otra sustancia grasa, a la que se le añade líquido caliente. Esta base para salsas puede ser blanca, rubia u oscura, dependiendo de cómo se haya cocinado la mantequilla.

Saltear: cocinar o dorar en una pequeña cantidad de grasa caliente.

Sancochar: hervir o dejar hervir hasta que esté medio cocido: es decir, cocer un poco más que al escaldar.

Sopa de pan: mezcla de rellenos y bolitas de masa, sobre todo croquetas, generalmente de pasta de hojaldre o simplemente pan molido. Una sopa de pan también puede hacerse con crema de almendras, puré de papa o arroz.

Sudar: cocinar comida picada o rebanada, por lo general verduras, con un poco de grasa y sin líquido a fuego muy lento. Se coloca un pedazo de papel aluminio encima para que la comida sude en sus propios jugos, comúnmente antes de añadirla a otros platillos.

Suero de leche: producto lácteo ácido y bajo en grasa; su ligera acidez lo hace ideal para marinar aves.

Sugo: salsa italiana hecha del líquido o del jugo extraído de la fruta o de la carne durante su cocción.

Tachonar: adornar con clavos de olor enteros, por ejemplo, el jamón al horno.

Timbal: mezcla cremosa de verduras o carne horneadas en un molde; también es una fuente de horno en forma de tambor.

Untar con mantequilla: untar mantequilla suave o fundida.

Vinagre balsámico: vinagre suave, muy aromático, a base de vino, que se hace en el norte de Italia. Tradicionalmente, este vinagre se añeja durante 7 años en una serie de barricas hechas de diferentes maderas.

Vinagre de arroz: vinagre suave y aromático, menos dulce que el vinagre de sidra y no tan fuerte como el vinagre de malta destilado. El vinagre de arroz japonés es más suave que la variedad china.

Pesos y medidas

Cocinar no es una ciencia exacta, no requieres de básculas bien calibradas, pipetas, ni equipo científico; sin embargo, en algunos países, la conversión a medidas métricas y sus interpretaciones asustan a muchas personas.

En las recetas, se dan pesos para ingredientes como carne, pescado, aves y algunas verduras, pero en la vida real unos cuantos gramos u onzas de más o de menos no afectan el éxito del platillo.

Aunque las recetas se probaron usando la medida estándar australiana en la que 250 ml equivalen a 1 taza, 20 ml a una cucharada y 5 ml a una cucharadita, funcionan exactamente igual en el sistema estadounidense y canadiense donde 8 fl oz son una taza, y en el inglés donde 300 ml equivalen a una taza. Usamos cantidades en tazas medidoras con graduación en lugar de las medidas con cucharadas para que las proporciones siempre sean las mismas. En las recetas donde se incluyen medidas con cucharadas, las medidas no son cruciales, así que si se usa la medida de una cucharada inglesa o estadounidense que es más pequeña, el éxito de la receta no se verá afectado. Cuando menos, la medida de la cucharadita es igual en todas partes.

En el caso de panes, pasteles y pays, el único problema que podría surgir es cuando la receta incluye huevos, porque las proporciones pueden variar. Si trabajas con una taza de 250 ó 300 ml, usa huevos grandes (de 65 g/2¼ oz), añadiendo un poco más de líquido a la receta de 300 ml, si lo consideras necesario. Usa huevos medianos (55 g/2 oz) si tu medida es de 8 fl oz. Se recomienda el uso de un juego de tazas y cucharas medidoras, sobre todo las tazas cuando se trate de medir ingredientes secos. Recuerda nivelar esos ingredientes para que la cantidad sea exacta.

Medidas inglesas

Todas las medidas son similares a las australianas, salvo dos excepciones: la medida de la taza inglesa es de 300 ml/10½ fl oz, mientras que la medida de taza americana y australiana es de 250 ml/8¾ fl oz. La cucharada inglesa (cucharita australiana) mide 14.8 ml/½ fl oz, en comparación con la cucharada australiana que es de 20 ml/¾ fl oz. La medida imperial es de 20 fl oz una pinta, 40 fl oz un cuarto y 160 fl oz un galón.

Medidas americanas

La pinta americana mide 16 fl oz, un cuarto equivale a 32 fl oz y el galón a 128 fl oz. En la medida imperial, una pinta, un cuarto y un galón equivalen a 20 fl oz, 40 fl oz y 60 fl oz, respectivamente. La cucharada americana es de 14.8 ml/½ fl oz, la cucharadita es de 5 ml/⅙fl oz. La medida de taza es de 250 ml/8¾ fl oz, igual que la australiana.

Medidas secas

Todas las medidas se nivelan; así que cuando llenes una taza o una cuchara, nivélala con el borde de un cuchillo. La escala de equivalencias que se presenta a continuación es "el equivalente del chef", no es una conversión exacta de las medidas métricas a las imperiales. Para calcular la medida exacta, multiplica las onzas x 28.349523 para obtener los gramos, o divide los gramos entre 28.349523 para sacar las onzas.

Métrico gramos (g), kilogramos (kg)	**Imperial** onzas (oz), libra (lb)
15g	0.33oz
20g	0.5oz
30g	1oz
55g	2oz
85g	3oz
115g	4oz/0.25lb
125g	4.5oz
140/145g	5oz
170g	6oz
200g	7oz
225g	8oz/0.5lb
315g	11oz
340g	12oz/0.75lb
370g	13oz
400g	14oz
425g	15oz
455g	16oz/1lb
1,000g/1kg	35.3oz/2.2lb
1.5kg	3.33lb

Temperaturas del horno

Las temperaturas en grados Celsius que se dan en este recetario no son exactas, se redondearon y sólo sirven como guía. Sigue las instrucciones del fabricante y aplícalas a la descripción que se da en la receta. Recuerda que la parte superior de los hornos de gas es la más caliente; la parte inferior de los hornos eléctricos y los hornos de convección con ventilador, por lo general se calientan uniformemente. Se incluyeron indicadores de temperatura para hornos de gas, que podrían ser de ayuda. Para convertir de ° C a ° F, multiplica los ° C por 9, divide el resultado entre 5 y súmale 32.

	°C	°F	Gas
Muy lento	120	250	1
Lento	150	300	2
Moderadamente lento	160	325	3
Moderado	180	350	4
Moderadamente caliente	190-200	370-400	5-6
Caliente	210-220	410-440	6-7
Muy caliente	230	450	8
Súper caliente	250-290	475-500	9-10

Medidas en taza

Una taza es igual a los siguientes pesos:

	Métrico	Imperial
Almendras, fileteadas	85g	3oz
Almendras, partidas, molidas	125g	4.5oz
Almendras, enteras	155g	5.5oz
Manzanas, secas, picadas	125g	4.5oz
Chabacanos, secos, picados	190g	6.75oz
Pan molido, paquete	125g	4.5oz
Pan molido, suave	55g	2oz
Queso, rallado	115g	4oz
Trozos de chocolate	155.5g	5oz
Coco, seco	90g	3oz
Hojuelas de maíz	30g	1oz
Pasas	155.5g	5oz
Harina	115g	4oz
Fruta seca (mixta, pasas sultanas, etc.)	170g	6oz
Jengibre, cristalizado, glaseado	250g	8oz
Miel, melaza, miel maple	315g	11oz
Ralladura	225g	8oz
Frutos secos (nuez, pistache, cacahuate), picados	115g	4oz
Ciruelas pasa, picadas	225g	8oz
Arroz, cocido	155g	5.5oz
Arroz, crudo	225g	8oz
Avena	90g	3oz
Semillas de ajonjolí	115g	4oz
Mantequilla, margarina	225g	8oz
Azúcar, morena	155g	5.5oz
Azúcar, granulada o refinada	225g	8oz
Azúcar, glas cernida	155g	5.5oz
Germen de trigo	60g	2oz

Medidas de longitud

Algunos todavía tenemos problemas para convertir la longitud imperial a métrica. En la siguiente escala de equivalencias, las medidas se redondearon a números más fáciles de usar y más adecuados. Para obtener el equivalente métrico exacto al convertir pulgadas a centímetros, multiplica las pulgadas por 2.54, 1 pulgada es igual a 25.4 milímetros y 1 milímetro equivale a 0.03937 pulgadas.

Medidas de moldes para pastel

Métrico	15 cm	18 cm	20 cm	23 cm
Imperial	6 in	7 in	8 in	9 in

Medidas de moldes para pan

Métrico	23 × 12 cm	25 × 8 cm	28 × 18 cm
Imperial	9 × 5 in	10 × 3 in	11 × 7 in

Medidas de líquido

Métrico mililitros (ml)	**Imperial** onza líquida (fl oz)	**Taza y cuchara**
5ml	0.16fl oz	1 cucharadita
20ml	0.66fl oz	1 cucharada
30ml	1fl oz	1 cucharada + 2 cucharaditas
55ml	2fl oz	
63ml	2.25fl oz	
85ml	3fl oz	¼ taza
115ml	4fl oz	
125ml	4.5fl oz	½ taza
150ml	5.25fl oz	
188ml	6.75fl oz	¾ taza
225ml	8fl oz	
250ml	8.75fl oz	1 taza
300ml	10.5fl oz	
370ml	13fl oz	
400ml	14fl oz	
438ml	15.5fl oz	1¾ taza
455ml	16fl oz	
500ml	17.5fl oz	2 tazas
570ml	20fl oz	
1 litro	35.3fl oz	4 tazas

Medidas de longitud

Métrico milímetros (mm) centrímetros (cm)	**Imperial** pulgadas (in), pies (ft)
5mm, 0.5cm	0.25in
10mm, 1.0cm	0.5in
20mm, 2.0cm	0.75in
2.5cm	1in
5cm	2in
7.5cm	3in
10cm	4in
12.5cm	5in
15cm	6in
18cm	7in
20cm	8in
23cm	9in
25cm	10in
28cm	11in
30cm	12in, 1 pie

Índice